Parents-enfants :
vivre les conflits

Marie-Paule Mordefroid

Parents-enfants : vivre les conflits

Éditions de l'Emmanuel

37, rue de l'Abbé-Grégoire, 75006 Paris

ISBN 978-2-35389-044-6

AVANT-PROPOS

Les conflits familiaux ont des origines multiples. Et, d'une certaine manière, tout concourt à susciter des conflits au sein des familles. À commencer par les différences que l'on y observe : tempérament, âge, perception... Les conflits suscitent des interrogations, des doutes, car il nous est pénible de ne pas être à la hauteur du « modèle familial » que nous souhaitons vivre...

Se pose alors la question du « comment » : comment faire face aux conflits ?

C'est une question délicate, mais cruciale, car le conflit constitue un très mauvais moment à passer : tensions, écarts de langage... Nous serions bien souvent tentés de l'esquiver ou de ne l'utiliser que comme exutoire d'un trop plein d'émotions. Car, pour la famille, le conflit est porteur de tous les dangers : il apparaît comme source de plus d'incompréhension, de plus de distance à l'autre. En acceptant le conflit, nous pensons aller au-devant de risques que nous ne sommes pas certains d'être capables d'assumer.

Et puis qu'allons-nous découvrir au détour de ces échanges tendus ? La déception de constater le comportement de l'autre et ses faiblesses ; peut-être même une situation compliquée qu'il va aussi falloir gérer...

Et toujours, l'humiliation de découvrir nos incapacités à comprendre, à communiquer, bref à « assurer », pour que notre famille soit bien en conformité avec ce que nous cherchons à construire !

Pourtant les conflits sont nécessaires. Ils constituent un moment clé, un moment de passage. Le passage d'une situation où l'autre est mal cerné et mal vécu à une situation, nouvelle et durable, d'harmonie dans laquelle les différences sont assumées et articulées entre elles de manière appropriée et consciente.

Mieux encore, il est possible de vivre les conflits et de les gérer de manière plus sereine et équilibrante pour l'ensemble de la famille. Comment ? En étant conscients de nos limites, de nos fragilités, mais aussi de celles des autres. En consentant l'effort d'une plus grande confiance, d'une plus grande patience. En « capitalisant » sur nos échecs passés... Progressivement, apparaissent plus de respect, plus d'écoute et d'attention, plus de profondeur et de cohérence, moins d'écarts...

Une meilleure gestion des conflits est réellement possible. Toutes les familles en sont capables. C'est ce dont témoignent les familles réunies au sein des Chantiers-Éducation des Associations familiales catholiques. En effet, ce livre ne provient pas d'un travail docte et académique, mais bien d'un effort considérable pour réunir et analyser les expériences et les témoignages des familles au sein des Chantiers-Éducation en 2006.

Cet effort, on le doit à Marie-Paule Mordefroid, associée depuis l'origine à l'aventure des Chantiers-Éducation. Son expérience et son expertise sont ici clairement perceptibles. Grâce à elle, cet ouvrage est émaillé d'exemples qui nous rappellent que c'est difficile au sein de chaque famille, mais aussi que c'est accessible à chaque famille. Car quand elles se mettent au travail, elles parviennent à positionner plus précisément père, mère et enfant(s). Elles parviennent à mieux adapter leurs réactions aux divers caractères, aux diverses étapes de la croissance des jeunes. Elles réussissent à donner un contenu plus concret, plus juste et plus authentique à des mots comme obéissance, sanction, autorité, fermeté, exemplarité, confiance, liberté…

Il s'agit pour ces familles de déplacer la promotion et la construction de la famille du terrain idéologique vers celui, plus concret et plus efficace, de l'amour incarné. Il s'agit d'un amour qui part des situations, y compris les plus difficiles, qui cherche à identifier la voie en direction d'une harmonie familiale et qui, pour autant, ne sacrifie rien ni à son ambition ni à son authenticité.

Bref, dans cet ouvrage, vous trouverez des repères et du courage et non des recettes et des illusions.

Votre famille sera ce que vous en ferez. C'est comme cela qu'elle sera fidèle à sa spécificité et à celle de chacun de ses membres. C'est comme cela qu'elle sera « rayonnante » même dans ses difficultés, même dans ses échecs. C'est comme cela que « votre famille sera une chance ».

Voilà le défi des familles réunies au sein des Associations familiales catholiques. Il faut se réjouir de la parution de cet ouvrage. Il participe de cette mission exaltante.

Antoine Renard
Président de la CNAFC

Jean-Marie Andres
Vice-président
de la CNAFC

INTRODUCTION

Les conflits : un sujet délicat

I. POURQUOI ET COMMENT PARLER DES CONFLITS DANS LA FAMILLE ?

Explorer nos manières de vivre les conflits au sein de la famille peut paraître surprenant dans une société qui a tendance à évincer cet aspect de la réalité. Si l'on croit les images publicitaires qui déferlent sur nos écrans, les familles ont tout pour vivre le vrai bonheur… à condition, toutefois, de consommer toujours plus. Par contre, il suffit de prononcer le mot « conflit » pour sentir naître un malaise : « **Tu ne crois pas que c'est un peu fort ?** » Certes, ce mot générique a besoin d'être nuancé : s'agit-il d'une simple opposition, d'une dispute ou bien d'une hostilité déclarée ?

Et cependant, il ne se passe pas une semaine que nous ne soyons informés de situations conflictuelles, plus ou moins proches, qui ont dégénéré en violence : dans la rue, à l'école ou en famille.

« **Oui, mais dans notre famille, c'est différent !** », comme s'il y avait ce qui se passe à « l'extérieur » et dont on peut parler sans trop de risque, et ce qui se vit à « l'intérieur » qu'il semble plus délicat d'évoquer. Parce que le sujet touche à l'intime, il suscite des réactions d'inquiétude ou de défense : « **Quand j'ai appris qu'on allait partager sur les conflits, je n'ai pas eu envie de venir** », admet une participante d'un groupe de parents.

II. OSER EN PARLER

Reconnaissons qu'il faut un réel courage pour aborder ce sujet qui nous oblige à confronter nos idéaux et nos rêves à la réalité. La démarche est loin d'être confortable !

Qu'attendons-nous de notre famille ?

Que celle-ci soit plutôt un « havre de paix » où l'on pourrait se poser, à l'écart d'un monde où il est si difficile de vivre… Que les relations entre tous ses membres soient suffisamment harmonieuses pour permettre à chacun de s'épanouir… Que l'on puisse aimer et être aimé, quoi qu'il arrive… Les attentes à l'égard de la vie de famille n'ont jamais été aussi fortes qu'à l'heure actuelle.

Et notre quotidien, de quoi est-il fait ?

Alexandre (5 ans) refuse de mettre ses chaussettes tout seul, au moment de s'habiller. Sa mère ne cédant pas, il se met en colère et hurle tout ce qu'il peut. Finalement, il part à l'école sans chaussettes. Quand les copains sont en vue, il cesse de crier.

Gaspard (9 ans) se montre très facilement violent envers sa petite sœur. Dès que celle-ci lui fait des remarques, il la frappe.

Aude (15 ans) a pris l'habitude de rentrer de soirée avec un retard de plus d'une heure sur l'horaire convenu. Lorsque ses parents lui posent

des questions, elle hausse les épaules et tourne les talons.

Arnaud (22 ans) annonce, au mois d'avril, à ses parents qu'il a décidé d'arrêter ses études. Il quitte la fac pour un stage dans une agence de communication.

Notre quotidien est émaillé d'oppositions, de disputes, de petites crises dont on se remet plus ou moins facilement. Mais, à certaines périodes, ce quotidien peut être envahi par des affrontements plus graves, de véritables conflits qui pourrissent l'ambiance de la famille. En réalité, la vie de famille ne s'écoule pas toujours comme un long fleuve tranquille ; parfois nos rêves d'harmonie semblent bien loin !

C'est pourquoi il peut être bon de prendre un peu de recul, et de se demander comment nous pourrions vivre ces affrontements pour qu'ils ne détériorent pas nos relations familiales, mais qu'ils nous permettent, au contraire, *de mieux vivre ensemble*.

III. UNE QUESTION ÉDUCATIVE

Oser réfléchir sur les conflits dans la famille, c'est aussi questionner notre manière d'éduquer nos enfants ; c'est comprendre en quoi la relation éducative est inévitablement conflictuelle, contrairement à ce que certains parents ont tendance à croire aujourd'hui. Quelle part d'illusion y a-t-il à imaginer qu'on puisse *éduquer des enfants* sans vivre, à un moment ou à un autre, de conflit avec eux ?

Aborder les conflits au sein de la famille nous renvoie immanquablement à la nature *des relations que famille et société entretiennent*. Comment vivre l'interaction entre « dedans » et « dehors », alors qu'elle est source de conflits ? Qu'est-ce qui prépare nos enfants à vivre les conflits auxquels ils sont, et seront, confrontés à l'extérieur de la famille ?

« **On a des outils "intellectuels" pour répondre à l'opposition de nos enfants, mais on est démuni au moment de la mise en œuvre.** » Cette réflexion d'une mère de famille met en évidence la difficulté que nous rencontrons pour ajuster nos comportements dès qu'il s'agit de vivre un conflit avec nos enfants ou avec notre conjoint. Il ne suffit pas en effet de savoir ce qu'il faudrait faire. Nous avons besoin d'opérer un véritable travail en nous-mêmes pour modifier nos habitudes, dans la mesure où elles nous paraissent inadéquates, et pour développer de nouveaux comportements plus souples et plus adaptés.

Ce travail, la plupart des parents l'ont commencé : nécessité oblige ! Merci à nos enfants qui nous poussent à aller plus loin. Toutefois, beaucoup de parents cherchent des repères qui les aideraient à jalonner leur chemin. Espérons que la démarche proposée dans ce livre répondra à cette quête.

IV. UNE DÉMARCHE POUR PROGRESSER

Ce livre propose une démarche en quatre temps.

Dans un premier temps (chap. premier), il s'agit de *revisiter notre vécu* pour :

– favoriser une auto-observation de nos habitudes relationnelles dans les conflits. *Comment est-ce que je réagis spontanément lorsqu'un conflit est sur le point d'éclater ? Et quelles sont les conséquences de ma réaction ?*

– permettre une prise de conscience de notre état intérieur au moment du conflit. *Qu'est-ce que je me dis à moi-même (mes pensées) ? Et qu'est-ce que je ressens (mes émotions) ?*

Dans un second temps (chap. II), en prenant un peu de hauteur, nous cherchons à *comprendre ce qu'est un conflit* (définition ; typologie), et *à quoi il peut servir* (fonction). *De quoi s'agit-il dans ce conflit ? Quel sens puis-je lui donner ?*

Ces deux premiers temps nous préparent à :

– aborder la réalité avec un regard renouvelé ; il sera plus aisé d'explorer les *différentes sources de conflit* au sein de la famille (chap. III) ;

– s'approprier des outils pour *oser vivre les conflits* avec plus de confiance en soi et dans les autres (chap. IV).

CHAPITRE PREMIER

Quel vécu avons-nous du conflit ?

I. NOS RÉACTIONS SPONTANÉES DANS LES CONFLITS

Comment réagissons-nous dès qu'une tension se manifeste, dès qu'un conflit est prêt à éclater au sein de notre famille ?

Bien sûr, notre réaction peut dépendre de plusieurs éléments : de la situation elle-même (son urgence, sa gravité), de l'enfant avec lequel nous sommes en conflit (son âge, son tempérament, ses habitudes), de notre état (fatigue, humeur, stress), de la présence ou non d'un tiers ou de témoins…

Néanmoins, nous pouvons reconnaître que nous avons souvent tendance à réagir d'une certaine manière, quasi automatiquement. Cette manière nous semble justifiée, alors qu'elle n'est pas la seule possible et parfois notre entourage nous le fait remarquer !

1. Est-ce la fuite ?

« Mon mari et moi, on a tendance à céder pour avoir la paix. »

« Quand il y a un conflit, je préfère le nier. De toutes les façons, je l'oublie rapidement. »

Pour des raisons qui nous appartiennent, mais qu'il serait intéressant d'élucider, nous pouvons avoir tendance à baisser les bras : « **C'est épuisant de devoir toujours dire non !** » ou bien à minimiser : « **Ce n'est pas si grave !** » ou bien encore à laisser pourrir la situation : « **On verra ça plus tard. Peut-être que ça s'arrangera** » ou même à ne rien voir du tout : « **Ah bon, il n'a pas fait son travail ! Ça m'étonne.** »

Toutes ces manières de faire relèvent d'une stratégie de retrait… à moins que cela ne soit de la prudence, réelle ou imaginée.

Qu'en résulte-t-il ?

De la tranquillité pour soi-même, sur le moment ; mais ensuite un sentiment de culpabilité ou de dévalorisation peut venir ébranler l'estime de soi. Nous risquons de nous décevoir nous-mêmes de ne pas avoir eu le courage d'intervenir, ou d'être passés à côté d'une situation qui aurait nécessité une autre attitude.

Martin (7 ans) a volé un paquet de bonbons dans un grand magasin. Lorsque sa maman s'en aperçoit, elle lui dit : « Oh ! mon chéri, ce n'est pas bien grave. Va rendre ce paquet et on n'en parle plus. »

Qu'est-ce qui empêche la maman de Martin de qualifier le geste de son fils pour ce qu'il est : du vol, sans pour autant dramatiser la situation ?

Le parent qui aurait tendance à ne pas intervenir lors de conflits avec ses enfants peut être considéré par son conjoint comme laxiste, voire démissionnaire, puisqu'il risque de laisser faire, de laisser dire, alors qu'une parole aurait besoin d'être énoncée pour éviter un danger, pour contenir un excès, ou pour recadrer une mauvaise habitude. Un tel parent peut aussi être perçu par l'un de ses enfants comme insécurisant ou encore comme injuste puisqu'il n'intervient pas dans une situation qui, aux yeux de l'enfant, le nécessiterait.

Élucider les raisons qui nous empêchent d'intervenir dans des conflits qui nous opposent à l'un ou l'autre de nos enfants nous permettrait d'oser prendre position et de retrouver confiance en nous.

2. Est-ce l'attaque ?

« Je m'énerve. J'interviens de façon autoritaire. Je crie et je deviens violente. »

À l'opposé de l'attitude précédente, nous pouvons avoir tendance à nous laisser emporter par notre colère. De multiples raisons peuvent la déclencher : une forte peur suscitée par le danger que vient de courir un enfant ; l'angoisse qui monte parce que l'ado n'est toujours pas rentré ; la conviction que tel enfant « fait vraiment exprès » ; mais aussi la lenteur de l'un, la mauvaise foi d'un autre, l'opposition d'un troisième, ou les mauvaises notes d'un quatrième… Bref, l'une ou l'autre de ces raisons ou l'accumulation de plusieurs semble, à l'instant même, réduire à néant notre bonne volonté, nos efforts éducatifs ou notre dévouement à l'égard de notre enfant.

Alors, c'est plus fort que nous : notre colère s'embrase et se déchaîne. Du haut de notre position de parent, nous agressons verbalement et/ou physiquement notre enfant. C'est comme une tension qui a besoin de se décharger, ou comme une autorité qui veut s'imposer à tout prix.

Quelles en sont les conséquences ?

Du point de vue de l'efficacité, l'agression peut régler, momentanément, la situation ; mais elle s'avère inopérante à plus long terme. « **Quand on est énervé, on est plus expéditif, mais on n'arrive à rien de bon.** »

Du point de vue relationnel, cela peut être désastreux. D'ailleurs, la plupart du temps, nous regrettons notre violence. Nous réalisons combien elle blesse celui ou celle que nous avons agressé(e). De plus, par notre comportement nous influençons nos enfants qui, par mimétisme, risquent d'utiliser à leur tour l'agression comme mode de communication. En outre, une telle habitude nous discrédite aux yeux de nos proches. Enfin, nous ne sommes pas crédibles lorsque nous exigeons de nos enfants qu'ils se calment.

« **Je me laisse embarquer dans le conflit, à chaud, avec mon affectivité. Les mots dépassent ma pensée. Après je le regrette !** »

Que faisons-nous pour ne pas nous contenter de regrets et d'excuses, mais pour progressivement changer nos habitudes insatisfaisantes ?

3. Est-ce la manipulation ?

Une maman voyage en TGV avec sa fille Astrid (2 ans). Au bout d'une demi-heure, Astrid devient de plus en plus turbulente. Les efforts de sa mère pour l'occuper sont de moins en moins efficaces. Elle finit par lui dire : « Si tu ne te tiens pas tranquille, le contrôleur va venir. Il va t'emmener dans un wagon où on enferme les enfants qui ne sont pas sages… Attention, il arrive ! Tu sais, il est très méchant ! » Par trois fois au cours du voyage, la maman réitère son message qui a de moins en moins d'effet sur sa fille. Lorsque le contrôleur passe, il a un mot gentil pour la petite fille qui lui

sourit. Et, dès qu'il a le dos tourné, Astrid défie de plus belle l'autorité de sa mère.

En utilisant des menaces mensongères la maman d'Astrid a tenté d'exercer un certain pouvoir sur sa fille, sans l'affronter, de façon détournée. C'est le propre de l'attitude manipulatrice : se dissimuler pour mieux parvenir à ses fins. Cette tendance n'est pas toujours consciente. C'est pourquoi il est parfois difficile de l'identifier pour soi-même. Et puis, il y a tellement de manières de le faire !

C'est la troisième fois que la maman de Constantin (5 ans) lui demande d'aller prendre son bain : « Prends exemple sur ta sœur : elle, au moins, on n'a pas besoin de lui demander trois fois la même chose ! »

La maman de Constantin le disqualifie par rapport à sa sœur, espérant ainsi le faire obéir.

Marie rentre des courses, les bras lourdement chargés. En voyant son mari devant la télé et ses trois enfants jouant par terre au milieu d'un éparpillement de jouets, elle se lamente : « Décidément, c'est moi qui fais tout dans cette maison ! On me prend vraiment pour la bonne à tout faire. »

Marie tente de culpabiliser ses proches en jouant la victime, espérant les faire bouger pour qu'ils l'aident.

Qu'en résulte-t-il ?

Qu'il s'agisse d'avoir recours à des moyens détournés ou à des ressorts affectifs pour influencer enfants ou conjoint, ces attitudes ne fonctionnent qu'un temps. Leurs effets sont bien souvent négatifs. Le parent qui les utiliserait fréquemment perdrait sa crédibilité aux yeux de ses enfants.

En fait, la manipulation sème la confusion : entre les personnes, entre l'être et le faire, entre le vrai et le faux, entre objectivité et subjectivité… Comment accorder ma confiance à quelqu'un qui a tendance à me manipuler ? On ne se sent pas respecté par lui… ou bien on devient soi-même un expert en la matière.

4. Est-ce la conciliation à tout prix ?

Matthieu (17 ans) vient de révéler à sa mère il n'a pas eu la moyenne à son bac blanc. Après un instant de silence, celle-ci lui répond : « Surtout tu n'en parles pas à ton père ce soir. Il a trop de soucis au travail en ce moment, ça le mettrait dans un état épouvantable. Je me chargerai de le lui dire quand ce sera le moment… En attendant, tu devrais comprendre que pour ton père c'est important que tu réussisses ton bac. »

Sophie ne veut surtout pas qu'un conflit éclate avec son mari à propos des difficultés scolaires de leur fils. Elle a pris l'habitude de se positionner en médiatrice entre les deux pour préserver la paix à tout prix. À chacun elle demande de se montrer compréhensif envers l'autre, tandis qu'elle-même ne s'implique quasiment jamais dans une confrontation.

Sophie peut se sentir fière de réussir à préserver une bonne ambiance dans les relations familiales, à faire en sorte qu'aucun conflit ne s'exprime. Mais ce n'est pas forcément le point de vue des autres membres de la famille qui peuvent se sentir frustrés de ne pas pouvoir dire ce qu'ils pensent, de ne pas pouvoir s'affronter, d'être contraints au silence.

5. Il est possible de changer

Il n'est pas toujours facile de reconnaître notre comportement habituel dans les conflits et d'admettre les conséquences qui en résultent. Pourtant, les remarques de notre conjoint, comme celles de nos enfants, ne manquent pas, si nous voulons bien les entendre.

Lucie (14 ans) reproche à sa mère de ne jamais trancher, d'avoir toujours recours au point de vue de son mari.

Daniel accuse son épouse d'être trop laxiste avec les enfants. Celle-ci lui rétorque qu'il ne se rend pas compte de son autoritarisme.

Il est souhaitable de réaliser comment, face à un conflit, on se met en « pilotage automatique ». On réagit comme si on était programmé par des pensées et des émotions, toujours les mêmes, qui détermineraient notre comportement. Combien de fois nous sommes-nous dit : « **Je me suis encore fait avoir ! La prochaine fois, je m'y prendrai autrement !** » Et quand la prochaine fois arrive, nous reproduisons le même comportement et nous nous disons : « **Décidément, c'est toujours la même chose ! C'est plus fort que moi.** » À des degrés divers, nous sommes atteints par le *syndrome de la photocopieuse* : « reproduire, encore et toujours plus, la même chose », selon l'expression de Paul Watzlawick.

Pour remédier à ces automatismes, nous pouvons prendre conscience de notre état intérieur au moment où surgit le conflit. Que ressentons-nous comme émotions ? Quelles pensées automatiques jaillissent en nous ? Bien sûr, nous ne pouvons pas changer nos émotions, par contre nous pouvons analyser nos pensées et nous rendre compte en quoi elles déforment la réalité en l'exagérant ou en la minimisant. À partir de là nous pouvons changer notre manière de nous représenter la situation et les personnes qui y sont impliquées. Nous constatons alors que nos émotions deviennent moins envahissantes et donc plus faciles à gérer. Nous retrouvons plus de liberté pour, non plus réagir, mais agir dans le sens que nous souhaitons vraiment.

II. POURQUOI LE CONFLIT NOUS FAIT-IL PEUR ?

« **Je ne supporte pas les conflits. Ils me font peur. Je me sens insécurisée.** »

Plusieurs raisons nous font craindre les conflits, surtout ceux qui arrivent ou pourraient arriver dans notre famille.

1. Bien souvent le conflit est assimilé à une forme de violence

Si j'ai été marqué(e) par des conflits familiaux qui ont dégénéré en agression verbale ou physique violente, ou si, plus subtilement, j'ai été victime de chantage affectif, de pression morale ou de menaces, je risque de considérer la moindre opposition comme une violence qu'il faut éviter à tout prix. Il est difficile alors d'envisager la possibilité d'être en désaccord avec qui que ce soit sans craindre que cela ne dégénère en violence.

Comment réaliser que la violence qu'on a connue était la conséquence de conflits mal gérés, de dysfonctionnements entre les protagonistes, l'un cherchant à dominer l'autre ? Cette violence, si forte soit-elle, est à distinguer du conflit lui-même. Nous pouvons avoir besoin d'une aide extérieure pour opérer ce changement de perspective sans lequel nous continuerions à fuir tout débat, toute confrontation, tout conflit.

2. Le conflit est considéré comme incompatible avec des relations d'amour

Entre Julie (2 ans) et sa maman, c'est fréquemment l'épreuve de force. Pour un oui, pour un non, l'enfant s'oppose, renâcle. En face de la détermination de sa mère à ne pas céder, Julie finit par lâcher : « Méchante maman ! Tu n'es pas gentille ! Vilaine maman ! »

La mère de Julie craindra-t-elle de perdre l'amour de son enfant en assumant le conflit qui l'oppose à sa fille ?

Les relations à l'intérieur de la famille sont aujourd'hui de plus en plus basées sur l'amour. Le besoin de sécurité affective y est de plus en plus fort. Aussi, lorsque le lien conjugal entre les époux se fragilise, c'est le lien parent-enfant qui est fortement investi. Comme si les parents avaient besoin de leur(s) enfant(s) pour être assurés d'être aimés et d'aimer. On réalise alors pourquoi de plus en plus de parents ont des difficultés à frustrer ou à sanctionner leurs enfants tant est grande leur crainte de rompre la relation, même momentanément.

L'absence de conflit serait-elle signe de bonnes relations familiales ?

« Oui », répondent les parents qui considèrent comme incompatibles *conflit* et *amour*.

« Rendez-vous compte, c'est avec notre cinquième enfant qu'on a commencé à avoir des conflits dans notre famille ! » se plaignait le père de Baptiste (15 ans). Ce dernier s'autorisait à ruer dans les brancards un peu plus que ses aînés.

« Non », affirment les parents qui tentent de concilier *conflit* et *amour*.

« **La famille est le lieu où l'on vit le plus d'affrontements et les affrontements les plus douloureux. Pourquoi ? Parce qu'on s'aime et que l'amour rend vulnérable. Le quotidien partagé met cet amour à rude épreuve** », explique Marie dans un groupe de parents.

La conception que les uns et les autres se font de l'amour est très différente. Les premiers idéalisent l'amour au point de l'identifier à la fusion qui confond les personnes, laissant entendre que « tout le monde il est beau, tout le monde il est gentil » dans notre famille, au sein de laquelle il serait malvenu d'exprimer le moindre désaccord qui mettrait en péril l'harmonie des relations.

Les seconds, par contre, tentent d'unir dans le quotidien la confrontation reconnue comme inévitable entre des personnes vivant ensemble et la stabilité du lien qui unit ces mêmes personnes. « **Lorsque mon enfant est en colère contre moi parce que je lui résiste, il n'en devient pas méchant pour autant et je ne me sens pas devenir une mauvaise mère.** » La maman qui s'exprime ainsi ne compte pas sur son enfant pour être assurée d'être aimable. Elle ne se laisse pas abattre par les émotions qui surgissent chez son enfant contrarié. Elle sait que l'amour qu'elle lui porte résistera aux tempêtes qui ne manqueront pas d'éclater.

Au respect des personnes dans leurs différences s'ajoutent aussi les exigences d'un véritable amour. « **Si aimer c'est vouloir le bien de l'autre, alors, au nom de l'amour que je te porte, j'ose entrer en conflit avec toi** », peut dire un parent à son enfant.

La capacité à vivre les conflits dans la famille serait donc un signe de relations saines, d'un amour qui ne se réduit pas à du sentimentalisme ou de l'idéalisation.

3. Le conflit est vécu comme pouvant mettre en péril l'unité familiale

« **Chez nous il n'y a pas de conflit. Nous sommes une famille unie** », annonce fièrement Stéphanie, mère de quatre enfants.

La recherche et le maintien de l'unité familiale sont souhaitables, et il est heureux que la famille soit suffisamment unie pour permettre l'éducation des enfants. Cependant, que fait-on des divergences qui apparaissent inévitablement : dans le couple parental à propos des enfants, entre des enfants qui n'ont pas les mêmes caractères, entre parent et adolescent qui n'ont pas les mêmes points de vue ? S'agira-t-il, pour préserver l'unité familiale, d'imposer de vivre dans le conformisme ?

« Il n'est pas question que tu te laisses pousser les cheveux ! Un garçon avec les cheveux longs, on n'a jamais vu cela chez nous. »

« Tu ne fêtes pas Noël avec nous ? Alors on ne sera pas tous ensemble ! Ce n'est encore jamais arrivé ! »

« Tu veux faire un CAP de menuisier ! Que vont penser tes grands-parents ? »

Comme il est difficile d'accueillir la différence, l'imprévu, l'inconnu, autrement que comme une menace pour la cohésion familiale !

Que craignons-nous ? D'être jugés pour ce que nous ne sommes pas ? De trahir les traditions familiales ? D'être déstabilisés par rapport à nos convictions ? De souffrir d'une évolution des liens entre nous ? D'être submergés par le monde extérieur ?

Il est compréhensible qu'on résiste aux changements car, lorsqu'on a le sentiment d'avoir construit un certain équilibre, on souhaite le préserver. Toutes les justifications sont bonnes pour maintenir à tout prix la prétendue cohésion familiale. « **Les aînés doivent montrer l'exemple aux plus jeunes.** » « **Ça ne se fait pas ! C'est trop tôt !** » Mais on ne sait pas pourquoi. « **Il ne faut pas décevoir les grands-parents.** » Quel sera le prix à payer pour préserver ce qui n'est sans doute qu'un fragile unanimisme ?

Or notre famille, qui s'est construite sur l'héritage des générations passées, a besoin, pour rester vivante, d'introduire une part d'innovation, et cela ne se fait pas sans conflit, sans l'intervention de forces contraires au sein même de la famille. Il n'est pas besoin de les provoquer, elles viendront d'elles-mêmes si c'est autorisé dans notre *système familial*[1]. En annonçant qu'il ne participera pas à la fête de Noël, le jeune met en évidence la nécessité de chercher une nouvelle expression de l'unité familiale autour de cette fête.

4. Le conflit fait peur parce qu'il provoque une remise en cause personnelle

Cette crainte est fréquemment évoquée par des parents d'adolescents :

« **Nos adolescents ont l'art de nous remettre en cause. Avec eux on a souvent l'impression d'avoir**

1. Une vision systémique de la famille implique qu'une modification survenue chez l'un de ses membres entraîne un changement pour tous les autres.

"tout faux". Ils savent pointer nos incohérences et nous pousser dans nos retranchements. »

« **Vous posez des questions à votre adolescent, il vous accuse de le harceler. Si vous évitez de lui en poser, il se plaint que vous ne vous souciez pas de lui. De toutes les façons vous avez tort !** »

Il est difficile pour le parent de garder confiance en soi lorsqu'il est confronté à des comportements aussi paradoxaux de la part d'un de ses enfants. « Quelle erreur ai-je commise ? Comment les autres parents s'en sortent-ils ? » Justement, Damien sait remuer le fer dans la plaie lorsqu'il ne parvient pas à obtenir ce qu'il veut de sa mère : « **Je n'ai jamais vu une mère aussi ringarde. Mes copains ont des parents beaucoup plus cool. C'est vraiment plus sympathique chez eux. Ne t'étonne pas que je n'ai pas envie de rester ici.** »

Et si de surcroît notre conjoint semble être en meilleure position que nous : « **Papa, il est moins embêtant** », la remise en cause est encore plus difficile.

Est-ce plus simple avec des petits ? Certaines mères de jeunes enfants affirment que « **les enfants ne doivent pas discuter, donc le conflit n'existe pas. Car "non" c'est "non" !** » Pas de conflit, donc pas de risque de remise en cause : c'est plus confortable !

Et cependant ce n'est pas l'expérience de tous : « **Avec Josselin (4 ans) en ce moment ce n'est pas facile. Il pleure pour un rien. Il accumule les bêtises et il refuse d'aller se coucher. Cela fait au moins quinze jours qu'il est ainsi. On a tout essayé : la manière douce, la manière forte, rien n'y fait.** »

Les parents de Josselin se sentent incompétents pour trouver la solution qui soulagerait ce qu'ils pensent être un mal-être chez leur fils. Ils ne comprennent pas ce qui a pu provoquer un tel changement. Plus les enfants sont petits, plus il peut être difficile de comprendre ce qui les perturbe car les mots leur manquent pour dire ce qui ne va pas.

Incompréhension, doute, culpabilité, sentiment d'impuissance et parfois même sentiment d'échec, nous ne sommes pas épargnés lorsque des conflits nous opposent à nos enfants.

Dans ces moments-là, c'est la reconnaissance de notre *compétence de parents* qui est en cause. Or nous sommes tentés de l'évaluer uniquement en fonction des émotions de nos enfants et de leurs réactions. Ce faisant, nous entretenons une confusion entre nos enfants et nous-mêmes. Si nous nous laissons déstabiliser par leur colère, par exemple, nous ne leur permettons pas de faire la différence entre l'émotion qu'ils ressentent contre nous et la solidité de la relation qui existe et demeure entre nous.

Notre compétence de parents n'est pas réduite à néant sous prétexte qu'un conflit nous oppose à l'un de nos enfants. À moins que nous n'ayons mis la barre tellement haute que la moindre défaillance nous devient insupportable.

Quoi qu'il en soit, se laisser envahir par un manque de confiance en soi-même ne prédispose pas à résoudre le conflit comme il conviendrait. Il est préférable de reconnaître que nous pouvons commettre des erreurs vis-à-vis de nos enfants tout en restant *des parents « suffisamment bons*[2] ». Faisons-nous confiance : en tant

2. Expression de Donald W. Winnicott à l'adresse des parents, pour leur éviter de tomber dans le piège d'un idéal impossible à atteindre.

que parents, nous sommes les premiers éducateurs de nos enfants, même si nous ne sommes pas les seuls !

III. LE CONFLIT NE SEMBLE PAS LEUR FAIRE PEUR

Même si la plupart des personnes redoutent les conflits, quelques autres ne semblent pas les craindre.

« **Finalement, j'aime bien quand il y a des conflits. Mes garçons se battent régulièrement, loyalement. Moi-même, j'aime bien entrer en conflit avec certaines personnes : j'ai un beau-frère avec qui je discute vertement, ça me défoule !** »

Cette mère de famille, comme bien d'autres personnes, est sans doute dotée d'un tempérament fort qui lui permet d'aimer avoir du répondant en face d'elle. On observe que par leur manière d'être entière et tranchée, ces personnes obligent les autres à prendre position. D'une certaine façon, le conflit leur donne l'occasion d'exercer leur force et de stimuler celle de l'opposant. D'où leur goût pour la confrontation. Entrer en conflit n'est certainement pas un problème pour elles. Par contre, elles risquent d'être rapidement entraînées dans des excès si elles n'y prennent pas garde. Elles peuvent aussi avoir tendance à mépriser les personnes qui n'osent pas se confronter tant il est difficile pour elles d'imaginer qu'un conflit puisse faire peur.

CHAPITRE II

Qu'est-ce que le conflit ?

I. UNE DÉFINITION DU CONFLIT DANS LA VIE DE FAMILLE

On a vu dans les pages précédentes la variété des expériences en matière de conflits. Tentons d'en donner une définition et d'élaborer une typologie.

Le mot « conflit » vient du latin *conflictus* qui signifie : choc, affrontement, heurt. À partir de là nous pouvons définir le conflit comme :

– *une situation entre deux personnes au moins* qui sont en relation et ont des enjeux communs…

– *dans laquelle advient un heurt*, c'est-à-dire une opposition, un affrontement, ou un antagonisme…

– *dû à des intérêts*, des attentes, des besoins, des valeurs, ou des fonctionnements *qui s'opposent*, qui paraissent incompatibles ou inconciliables…

– *et qui provoque une tension*, une frustration, une incompréhension, de l'agressivité, de la souffrance… *chez les protagonistes.*

Dans la vie de famille, tous ces éléments sont réunis pour qu'adviennent de véritables conflits entre les membres qui la composent.

Parents et enfants ont de nombreux enjeux en commun qui créent des situations propices au surgissement de conflits : la vie quotidienne, les relations affectives, l'éducation des enfants, les interactions avec le monde extérieur…

Dans ce contexte, la confrontation inévitable des différences entre chacun fait apparaître de nombreux motifs de conflit : deux frères se chamaillent parce qu'ils ne sont pas d'accord pour regarder la même émission ; un adolescent et son parent s'affrontent sur un horaire de sortie ou plutôt de retour ; le père et la mère s'opposent sur la conduite à tenir vis-à-vis d'un enfant…

Cependant toute opposition n'engendre pas obligatoirement de conflit. Elle devient conflictuelle dans la mesure où les opposants sont affectés dans leur être intérieur. Un parent ne va pas forcément entrer en conflit avec un camarade de son fils qui ne se comporterait pas correctement à ses yeux. Par contre, s'il s'agit de son propre fils, il risque d'en ressentir une telle tension intérieure qu'il ne pourra pas ne pas réagir.

La nature des relations étant plus affective entre les membres d'une famille, le risque d'être affecté par ce qui nous oppose est plus grand. C'est pourquoi la résolution des conflits avec nos proches est certainement la plus délicate : la relation étant plus intime, les émotions risquent d'être plus intenses.

À partir de cette dimension affective inhérente à tout conflit, nous comprenons pourquoi certaines personnes paraissent entrer moins fréquemment en conflit que d'autres : elles n'auraient pas développé la même sensibilité. Ces différences sont particulièrement visibles dans les échanges au sein de groupes de parents. Les uns semblent fréquemment en conflit avec leurs enfants ou leurs conjoints comme si la moindre opposition prenait à chaque fois des proportions énormes ; tandis que d'autres paraissent au contraire n'être quasiment jamais en conflit, comme s'il en fallait vraiment beaucoup pour les émouvoir.

« **Nous n'avons pas la même attitude dans notre couple. Mon mari est dans une attitude d'attente et de silence. Il n'est pas démoli. Pour lui, un conflit est un problème à résoudre. Il prend la situation à froid. Pour moi, je me laisse embarquer dans le conflit avec mon affectivité. La raison disparaît derrière l'émotion et cela devient un problème vraiment difficile à résoudre.** »

En réalité, vis-à-vis de cette souffrance que provoque le conflit nous avons développé des mécanismes de défense[1] qui nous permettent de moins souffrir. C'est ainsi que certaines personnalités plus défendues donnent l'impression d'être plus tolérantes aux tensions et aux frustrations tandis que d'autres moins défendues sont plus vulnérables aux souffrances. Chacun, en fonction de sa structure psychique, se positionne différemment face au conflit.

II. LE CONFLIT EST À DISTINGUER DE LA VIOLENCE

En définissant le conflit comme nous l'avons fait précédemment, nous le distinguons de la violence à laquelle il est trop souvent assimilé. Nous proposons de considérer le conflit comme ce moment très délicat où tout est encore possible pour les opposants

1. Des stratégies inconscientes développées par l'individu pour protéger sa personnalité contre des tensions jugées dangereuses (refoulement, projection, déni...).

tandis que la violence résulte d'une mauvaise gestion du conflit lorsque les acteurs en viennent à ne plus se respecter, qu'ils cherchent à écraser l'autre, ou à l'éliminer par n'importe quel moyen. Cette violence-là est une des conséquences désastreuses du conflit. Comment pouvons-nous l'éviter, la mettre hors jeu de nos relations ?

Dans le conflit il est possible d'exprimer son désaccord, sa colère ; de signifier à l'autre en quoi il a, de notre point de vue, outrepassé ses droits ; de rappeler les règles, les contraintes, sans pour autant faire *violence* à l'autre, de manière *symbolique* [2] ou de manière réelle.

1. Le conflit a quelque chose à voir avec la combativité

Par contre pour oser vivre le conflit qui nous oppose à l'autre et réussir à le résoudre, nous aurons besoin de faire appel à cette force de vie qui est en nous et que certains auteurs nomment « agressivité » pour ne pas la confondre avec la violence. Sans doute serait-il préférable de l'appeler *combativité* pour lever toute ambiguïté sur sa nature.

Il s'agit de cette énergie intérieure qui permet à tout individu de se défendre pour vivre malgré les difficultés qu'il rencontre. Grâce à cette force de vie, chacun a la possibilité de se faire respecter, de mettre à distance, si c'est nécessaire, l'intrus ou l'agresseur qui outrepasse ses droits.

---

2. La violence symbolique concerne les petites violences, subies ou agies, au quotidien sous des formes apparemment anodines. Elle détériore les liens psychiques entre les personnes et produit des tensions internes.

En mobilisant cette énergie, l'étudiant réussit son examen, l'alpiniste arrive au sommet, le professionnel atteint ses objectifs… chacun peut réaliser le projet qui lui tient à cœur, tout en respectant les règles du jeu et les contraintes de la réalité. Car la combativité permet de vaincre les obstacles, de maintenir l'effort dans la durée, d'opérer les changements nécessaires pour s'ajuster et finalement réussir.

La violence, au contraire, est caractérisée par le non-respect des personnes et des règles du jeu : avec la violence, tous les coups sont permis ; c'est la loi du plus fort ou du plus rusé au détriment des règles qui régissent les relations entre les personnes.

2. Existe-t-il de bons ou de mauvais conflits ?

La définition que nous avons donnée du conflit conduit à réaliser qu'il n'y a pas, *a priori*, de bons ou de mauvais conflits. En effet, l'affrontement qui surgit n'est en lui-même ni positif ni négatif : il advient en raison des antagonismes existant entre les opposants, il est rarement gratuit. Par contre la manière dont les protagonistes vont résoudre le conflit en fera soit un conflit constructif, soit un conflit destructeur.

De ce heurt qui nous oppose, saurons-nous faire un *bonheurt* et éviterons-nous qu'il ne dégénère en *mal-heurt* ?

L'issue positive ou négative est entre les mains des acteurs du conflit. Elle aura d'autant plus de chances d'être positive que les opposants s'abstiendront de chercher obligatoirement un coupable parmi eux, et qu'au contraire ils décideront de coopérer ensemble à la recherche d'une solution satisfaisante pour chacun d'eux. Nous en développerons les différentes manières dans la suite de l'ouvrage.

III. LES DIFFÉRENTS TYPES DE CONFLITS AU SEIN DE LA FAMILLE

On peut classer les différents types de conflits en fonction du nombre de personnes impliquées dans la confrontation.

1. Les conflits interpersonnels

Les conflits interpersonnels concernent le plus souvent deux personnes qui s'opposent sur un objet identifiable : des besoins, des valeurs ou des rôles qui sont incompatibles. Alors, selon l'objet à propos duquel les parties s'affrontent, on parlera de :

• Conflits de besoins

Un adolescent veut rester le plus tard possible à sa soirée parce que, d'après lui, l'ambiance est meilleure après minuit. Sa mère s'inquiète quant aux risques qu'il encourt s'il rentre très tard. Elle lui impose donc de ne pas rentrer après minuit, mais lui s'insurge contre ce qu'il estime être un abus de pouvoir : il n'est plus un gamin !

Le besoin du jeune de rester tardivement avec ses copains et le besoin de la mère d'être sécurisée sont apparemment inconciliables. Pour résoudre leur conflit, l'un et l'autre vont devoir accepter de dialoguer, de s'ouvrir à la compréhension réciproque de leurs besoins afin de trouver une solution qui convienne à tous les deux.

• Conflits de valeurs

Les parents ont des convictions que ne partage pas leur fille Mélanie (16 ans). Dès qu'un sujet

concernant la sexualité est abordé en famille, Mélanie s'affronte aux points de vue de ses parents. Elle les juge dépassés et rigides. « Je ne comprends pas qu'on puisse vivre avec des principes pareils aujourd'hui. » Les parents sont attristés de ne pas parvenir à convaincre leur fille et ils se demandent s'il ne serait pas préférable pour le climat familial d'éviter les sujets qui fâchent. Cependant, ils s'inquiètent pour l'avenir : « Que nous réserve-t-elle avec toutes ses idées ? »

Les parents de Mélanie ne peuvent pas contraindre leur fille à partager leurs convictions. Par contre, ils peuvent essayer d'être plus détachés lorsqu'ils abordent ces sujets délicats ; en se contentant de donner leur point de vue sans chercher à l'imposer à leur fille. Cela permettrait de maintenir des relations suffisamment bonnes avec Mélanie.

• Conflits de rôles

Une mère exige de sa fille aînée (15 ans) qu'elle donne l'exemple à ses frères et sœurs en venant à la messe le dimanche avec eux, alors qu'elle ne veut plus y aller, argumentant que cela n'a plus de sens pour elle.

Même si le bon exemple de l'aînée facilite l'éducation des plus jeunes, ce n'est pas une raison pour exiger qu'elle se comporte comme on le voudrait. La mère est-elle prête à réajuster ses attentes concernant le comportement de sa fille ?

Cependant il arrive fréquemment que des conflits de valeurs ou de rôles soient en définitive des conflits de besoins : de reconnaissance, de respect, d'autonomie… Il est souvent fécond de se rendre attentif aux besoins des autres, et aussi des siens.

• Conflits de personnes

On aura toujours intérêt à prendre en compte suffisamment tôt un conflit dont l'objet est identifiable pour l'empêcher de dégénérer en conflit de personnes. Si, par exemple, les parents de Mélanie tardent à changer leur comportement, leur fille risque de les prendre en grippe et de ne plus vouloir partager quoi que ce soit avec eux, ce qui serait regrettable de part et d'autre.

2. Les conflits intrafamiliaux

Ils concernent l'ensemble de la famille lorsque plusieurs membres sont en désaccord entre eux et que le climat familial en est fortement perturbé. Chaque famille est une entité qui a sa dynamique propre avec ses équilibres et ses fragilités. Il arrive que tout son système interne de relations soit profondément perturbé par un conflit qui oppose, par exemple, les parents et les enfants ou bien encore par un conflit qui oppose les parents entre eux mais divise aussi les enfants, contraints de prendre parti pour l'un ou l'autre. Dans ce dernier cas les parents ne se rendent pas toujours compte des perturbations que leurs désaccords suscitent chez les enfants. Ceux-ci se sentent contraints de devoir choisir entre papa ou maman, alors que jusque-là ils se vivaient comme les enfants de papa et maman.

Ces conflits intrafamiliaux peuvent être plus ou moins tus pour ne pas prendre le risque de trop perturber l'entente familiale : « On ne parle pas de ce qui fâche ! » Comme l'évoque Martine : « **À propos de la télévision, les enfants connaissent notre opinion de parents et donc ils ne nous en parlent pas, mais ils vivent une frustration. Je les ai entendus se**

plaindre. Ils se disaient décalés, pas au courant. » Ne serait-il pas préférable d'oser crever l'abcès plutôt que de rester avec un conflit latent qui, un jour, risque d'exploser avec d'autant plus de force qu'il sera resté longtemps non dit ?

Il existe des conflits intrafamiliaux latents, par exemple lorsque l'un des enfants de la famille est très malade ou très handicapé. Les parents ont beaucoup investi pour cet enfant en temps, en énergie, en moyens, focalisant toutes leurs capacités de soins et d'amour sur lui, sans réaliser les frustrations vécues par les autres enfants qui ont l'impression d'être négligés par leurs parents. Mais il serait déplacé, voire inconvenant, d'émettre une plainte, alors les frères et sœurs prennent sur eux et se gardent bien d'exprimer leur ressenti. Or, cette situation familiale vécue douloureusement peut devenir pour l'un des enfants *un véritable conflit intérieur* : **« Il ne faut pas que je me plaigne parce que moi je suis en bonne santé. Même si j'aimerais tant que papa et maman s'occupent de moi, je ne peux pas en rajouter à leur peine. Si je suis très gentil, ils seront contents de moi. »**

3. Les conflits internes ou intérieurs

Dans un conflit intérieur, la confrontation d'éléments contraires paraît se limiter à une seule personne et suscite en elle une tension psychique et/ou morale très forte, génératrice de souffrance.

« Le premier conflit est d'abord avec moi-même, par rapport à mes constats de vie, quand je m'aperçois que ce que je vis est à l'opposé de mes souhaits initiaux : je souhaitais une famille nombreuse, j'ai

une enfant unique ; une vie stable, j'ai vécu aux quatre coins de la France ; un logement définitif, je cherche désespérément le cocon où nous nous établirions tous les trois ! »

Aude exprime les tensions que provoquent en elle les multiples oppositions entre ses aspirations profondes et ses expériences de vie. Elle souligne l'importance de ces conflits internes que nous sommes amenés à vivre à un moment ou un autre et, pour certains d'entre eux, de façon quasi permanente, tant que nous ne les avons pas élucidés et traités.

Les éléments contraires qui s'affrontent à l'intérieur de nous-mêmes peuvent provenir de différentes sources : de l'une ou l'autre des instances intérieures de notre être fort complexe (pulsion/volonté ; sentiment/raison ; conscient/inconscient…) et/ou du contexte extérieur auquel nous sommes confrontés.

Quels qu'en soient les motifs, leur confrontation crée en nous un état de tension intérieure plus ou moins douloureux à vivre et, parfois même, un état de déséquilibre tel qu'il menace notre unité intérieure ou notre adaptation à l'environnement.

Isabelle est tiraillée entre le désir de reprendre son travail et la crainte de devoir confier ses enfants à une personne dont la compétence est incertaine. Elle ne parvient pas à se décider.

Isabelle n'arrive pas à trancher entre ces deux motivations qui lui semblent actuellement antagonistes : d'une part celle de reprendre un travail qui lui permettrait de s'épanouir en mettant en œuvre des compétences qu'elle avait acquises, d'autre part celle d'assurer à ses enfants une stabilité affective et éducative dont ils ont besoin pour grandir.

Si Isabelle ne prend pas de décision pour résoudre ce conflit interne, elle risque de ressentir de plus en plus de frustration, ce qui aura tôt ou tard des répercussions sur son état et sur ses relations avec ses proches. Bien qu'il se trouve certainement dans son entourage des personnes pour lui donner les meilleurs conseils qui soient, aucune d'entre elles ne peut décider à sa place.

Nathalie a accepté, en dépit de sa fatigue, d'aller passer une semaine avec ses enfants chez sa belle-mère pour faire plaisir à son mari. Le troisième jour, elle se retrouve bloquée par un lumbago.

« Maman sera ravie de s'occuper des enfants, lui avait dit son mari, et toi tu pourras te reposer. – C'est vrai que ta mère est très active », lui avait répondu Nathalie. Par contre elle n'avait pas osé lui rappeler la manière dont sa belle-mère critiquait leur façon d'élever leurs enfants. D'ailleurs cela ne semblait pas affecter son mari autant qu'elle-même. Alors pourquoi lui en parler ?

Nathalie aurait préféré vivre cette semaine dans un lieu plus tranquille pour elle. Mais elle n'en avait rien dit à son mari, sacrifiant ses propres besoins pour satisfaire ceux de son époux. Alors son corps a parlé, mettant en *maux* ce qu'elle n'avait pas mis en *mots*.

Nathalie craint sans doute de faire de la peine à son mari si elle ose lui dire ce qu'elle ressent et ce dont elle aurait besoin. On peut lui souhaiter de découvrir les moyens d'exprimer ses besoins et de négocier une issue acceptable pour chacun à ce conflit latent (voir chap. IV).

IV. LES CONFLITS PEUVENT ÊTRE DE VÉRITABLES OPPORTUNITÉS

Les conflits ne surgissent pas de manière gratuite. Il y a toujours à la base une ou plusieurs raisons qui les déclenchent. À partir de là, il est possible de reconnaître à chaque conflit une ou plusieurs *fonctions*[3] que bien souvent on ne découvrira véritablement qu'après la résolution.

Même si l'on est persuadé que « **cet adolescent-là fait exprès de nous agacer** », on découvrira à quoi un tel conflit peut servir si on a le courage d'affronter ce qui nous oppose à lui, et de se donner les moyens de chercher avec lui une issue satisfaisante.

1. Un levier de croissance et d'adaptation

L'expérience montre en effet que les conflits sont des moyens efficaces au service de :

– *la croissance des personnes* : en acceptant de vivre les oppositions et de se confronter au sein de la famille, les enfants se structurent et les parents se remettent en cause et évoluent ;

– *l'évolution des relations* : en acceptant de vivre les conflits, on prend conscience des ajustements à mettre en œuvre pour vivre des relations qui respectent mieux les différences ; en cherchant ensemble un compromis satisfaisant pour les deux parties et en se réconciliant l'un avec l'autre, on restaure et on renforce notre relation ;

---

3. Au-delà de l'élément déclencheur (apparent) du conflit, il existe un ou plusieurs enjeux sous-jacents qui constituent les raisons profondes de l'opposition.

– *la recherche du sens du réel et de la vérité* : l'un et l'autre ne peuvent être assimilés aux expériences ou aux certitudes d'une seule personne : ils ne peuvent être que le fruit de confrontations parfois douloureuses mais la plupart du temps enrichissantes ;

– *l'apprentissage d'une communication plus ajustée* : à la fois plus authentique et plus efficace, mais aussi plus riche parce qu'on aura découvert de nouvelles manières de faire.

Le mari de Céline est militaire. Il doit partir dans quinze jours pour une longue période à l'étranger.

Depuis une semaine leur fils aîné Quentin (4 ans) est capricieux. Alors qu'habituellement il est plutôt coopératif, il se montre opposant pour des choses peu importantes. Et surtout il fait des scènes interminables à l'heure du coucher. Céline a l'impression de s'épuiser à le recadrer sans cesse. Elle se surprend à crier de plus en plus fort contre lui. Elle estime qu'il exagère de gâcher ainsi le climat familial à quelques jours du départ de son mari.

Jusqu'au moment où, se rappelant la lecture d'un livre sur les langages non verbaux de l'enfant, elle réalise que selon toute vraisemblance, Quentin réagit par rapport à l'angoisse que suscite en lui le départ de son père. Elle prend conscience qu'étant elle-même préoccupée par la perspective de ce départ, elle délaissait un peu Quentin. Son regard change et elle pressent que son fils a plus besoin de compréhension que d'énervement de sa part.

Le soir, au moment du coucher, alors que Quentin refuse de se mettre au lit et commence à s'agiter, elle s'assied près de lui : « Quentin, je com-

prends que tu n'aies pas envie de te coucher. Peut-être que tu préférerais rester avec papa qui va bientôt partir ? » Et aussitôt Quentin s'effondre en pleurs en hochant de la tête pour acquiescer à ce que sa maman vient de lui dire. Le prenant dans ses bras, Céline le console puis elle lui propose de parler avec son papa pour voir comment ils peuvent ensemble préparer ce départ qui le rend triste.

Après avoir vu avec son père de quelle manière ils resteront en contact, car c'était cela qui le préoccupait, Quentin a vécu paisiblement les derniers jours jusqu'au départ.

Céline a reconnu les bienfaits de ce conflit provoqué par Quentin. Il a permis :

– qu'elle développe plus de confiance en elle quant à sa capacité à se remettre en cause et à répondre aux besoins de son fils ;

– de renforcer les relations à l'intérieur de la famille à un moment particulièrement sensible ;

– d'aider Quentin à grandir en lui permettant de surmonter plus paisiblement ce départ qu'il appréhendait.

2. Une réalité incontournable

Tout en reconnaissant les multiples fonctions que peuvent avoir les conflits pour nous-mêmes et nos enfants, nous pouvons nous demander s'ils sont pour autant « nécessaires » et nous surprendre à rêver encore d'une existence qui s'en passerait. Force est de reconnaître qu'ils sont liés à notre humaine condition :

- Personne ne vit spontanément en harmonie avec lui-même tant est subtile sa complexité intérieure.
- Les lois psychologiques qui rendent compte des étapes de croissance du petit d'homme mettent en

évidence des *crises* qui ne se traversent pas sans douleur pour l'enfant et pour ses parents.

- La violence tapie au fond de chacun de nous est prête à bondir dès qu'une menace réelle ou imaginée se profile, tant qu'elle n'a pas été humanisée.
- Les parents parfaits n'existent pas : c'est souvent avec la meilleure intention qu'il leur arrive de blesser leurs enfants.
- Le monde extérieur est inassimilable sans une confrontation avec ce qu'il apporte de différent.

Les conflits font donc partie de la vie. Ils nous obligent à en assumer toutes les contradictions. Ils nous aident à devenir réalistes. Réalistes, mais pas défaitistes car l'être humain dispose de ressources importantes pour oser vivre les conflits et les résoudre dans le sens d'une plus grande humanisation. Faisant appel à ses capacités à découvrir du sens et à orienter ses actes vers plus d'amour véritable, il lui est toujours possible de se remettre en cause et de réajuster son comportement en innovant.

LE RÉVEILLON DE NOËL

À quelques jours de Noël notre fils aîné (14 ans) vient me dire : « Maman, c'est bien gentil les personnes seules ou pauvres que vous invitez à chaque réveillon de Noël mais nous, les enfants, on préfère être avec une famille amie où il y a des enfants de notre âge. Ce serait un peu plus la fête pour nous. »

Justement, quelques jours auparavant, j'avais invité pour Noël un homme sans domicile fixe dont j'avais fait la connaissance deux mois auparavant et que j'avais revu plusieurs fois. Cela en accord avec mon mari. Les propos de mon fils aîné me mettaient dans l'embarras.

J'estimais que nos enfants étaient vraiment égoïstes, peu ouverts à la souffrance des plus pauvres. Ils me décevaient. J'avais l'impression d'échouer dans la transmission des valeurs auxquelles nous tenions. Et je ne me voyais pas dire à la personne que j'avais invitée : « Je suis désolée, nos enfants ne veulent pas de vous pour le réveillon. »

Et pourtant, après discussion avec mon mari, c'est ce que nous avons décidé : décommander cette personne en essayant de ne pas trop la blesser. « Mission impossible », me suis-je dit.

Faisant confiance à sa capacité de comprendre et à la relation que nous avions créée, j'ai préféré être sincère avec lui. J'ai expliqué à cet homme les besoins que nos enfants nous avaient exprimés et pourquoi nous voulions en tenir compte malgré nos points de vue différents d'adultes. J'ai été étonnée de constater qu'il ne semblait pas nous en vouloir.

Mais j'ai été encore plus surprise lorsque le soir de Noël, à minuit, le téléphone a sonné. Nous étions en train de réveillonner avec une famille amie. J'entends au bout du fil une voix dynamique et enjouée qui me dit : « Joyeux Noël à vous et à toute votre famille. Je suis content, j'ai trouvé un job de serveur dans un café-restaurant. Je tenais à vous appeler pour vous remercier de votre gentillesse et vous souhaiter un bon Noël. »

Isabelle

CHAPITRE III

Les sources de conflit en famille

Avant d'envisager des moyens concrets pour vivre les conflits et les résoudre de façon satisfaisante, nous avons besoin de points de repère qui nous permettent de dégager suffisamment de sens aux conflits qui se présentent.

En effet, si nous appréhendons ce qui peut être à la source du conflit, nous en comprendrons plus facilement l'enjeu, et nous pourrons nous disposer à le résoudre plus aisément en mettant en œuvre la méthode qui nous paraît la plus appropriée.

Nous organiserons ces repères autour de trois grands axes :

1. L'exigeante exemplarité des parents ;
2. Les incontournables paradoxes de la relation parent-enfant ;
3. L'incessant ajustement du rapport au monde extérieur.

Ces trois grands thèmes permettront de mettre en évidence la diversité des sources possibles d'un conflit entre enfant et parent, sans perdre de vue l'extraordinaire complexité dans laquelle chacun d'eux se prépare et surgit. Mais ce qui en favorisera la résolution, c'est la capacité de l'un des protagonistes, en l'occurrence le parent que nous sommes, à entrevoir un sens possible et, donc, à accepter de se mettre en route intérieurement sans attendre de tout comprendre, parce que, souvent, le sens ultime ne se révélera que dans la résolution.

En parcourant ces trois grandes réalités de la vie de famille dans ce qu'elles ont, d'une part, de ressources nécessaires pour vivre ensemble et pour éduquer les enfants et, d'autre part, de fragilités inévitables entraînant des dysfonctionnements, nous pourrons aussi prévenir certains conflits.

Lorsqu'on agit sur ce qui les cause, on peut éviter des conflits considérés jusque-là comme « inévitables » et on peut aussi désamorcer des conflits devenus de véritables cercles vicieux qui enferment les protagonistes dans une impasse et dans une violence au moins symbolique. C'est ainsi que nous préviendrons différentes formes de violence : celle qui, en amont, provoque le conflit, et celle qui, en aval, résulte d'une mauvaise résolution du conflit.

Même si nous avons reconnu les conflits comme inhérents à la vie et particulièrement à notre humaine condition, nous pouvons admettre que certains d'entre eux ne sont absolument pas souhaitables parce qu'ils sont terriblement destructeurs.

Faire de la prévention en matière de conflits est tout à fait nécessaire et possible. Bon nombre de parents qui se sont donné les moyens de faire évoluer leur comportement relationnel témoignent de la diminution du nombre de conflits et de l'apaisement qui en résulte pour leurs proches. Ces moyens peuvent aller de la simple lecture d'ouvrages éducatifs à la thérapie individuelle ou familiale, en passant par la participation à un groupe de parents ou l'aide d'un conseiller conjugal et familial. Chacun pouvant, en fonction de ses besoins, avoir recours au moyen le plus adapté pour lui à un moment donné.

I. L'EXIGEANTE EXEMPLARITÉ DES PARENTS

Lorsqu'au sein d'un groupe de parole des parents partagent à propos des conflits vécus au sein de leur famille, ils évoquent très souvent, à la source de ces conflits, le comportement insupportable de leurs enfants : ils n'écoutent pas, n'en font qu'à leur tête, ne respectent pas les règles, réagissent de manière violente à la moindre frustration, se bagarrent entre eux pour des riens... En oubliant parfois que les parents ont aussi leur part de responsabilité dans ce qui se passe à la maison. N'est-ce pas eux qui donnent le ton et créent l'ambiance ?

1. L'apprentissage relationnel

Demandons-nous ce que nos enfants perçoivent et ressentent de la nature des relations que nous entretenons avec eux mais aussi au sein de notre couple. Car la manière dont nous nous comportons dans les échanges de la vie quotidienne constitue pour eux un exemple qui les influence fortement. Nous n'avons pas toujours conscience de ce pouvoir qui est le nôtre : pouvoir de montrer l'exemple, d'autant que dans ce domaine des relations humaines ce ne sont pas les grands discours ou les injonctions qui sont les plus efficaces mais le témoignage de vie.

Des jeunes parents s'en aperçoivent assez tôt lorsqu'ils surprennent leur petite fille de deux ans et demi en train de crier sur ses poupées en imitant presque parfaitement les intonations et les expressions de sa maman !

De même, les parents ressentent un réel malaise lorsque l'un d'eux entend, comme en écho, ses propres expressions dans la violence verbale de son adolescent.

Si aujourd'hui les enfants dépassent souvent leurs parents en habileté à communiquer sur Internet, les parents seront toujours les initiateurs de leurs enfants en matière de compétences relationnelles.

2. Le respect et la compréhension : antidotes de la violence

La façon dont nous contenons notre propre violence et les modes de communication que nous utilisons avec nos proches expriment notre capacité à vraiment les respecter dans leur différence. Ce respect est l'antidote de la violence. Vivre le respect des autres et l'apprendre à nos enfants permettent d'assurer les bases d'un art de vivre ensemble sur lequel pourra s'édifier l'éducation affective et sociale de nos enfants.

Pour travailler aussi bien en amont sur la source des conflits qu'en aval sur leur résolution, il est indispensable de repérer dans nos habitudes relationnelles de parents nos manques de respect à l'égard de nos enfants et de notre conjoint.

Sur ce sujet sensible, chacun a facilement tendance à accuser l'autre d'avoir commencé, justifiant alors sa propre réaction comme un mode de défense contre la provocation de l'autre. Pour éviter de tomber dans le piège, on a besoin de se rappeler qu'il est impossible de changer l'autre, pas plus son enfant que son conjoint. En revanche, lorsqu'on accepte de se changer soi-même, de modifier ses habitudes, on crée comme un appel d'air qui ouvre discrètement à l'autre un nouvel espace dans lequel il pourra à son tour évoluer. À celui qui a conscience de cette possibilité revient l'honneur de prendre l'initiative d'une communication au service du véritable bien de l'autre et donc aussi de soi-même.

Un mari, lance à son épouse, juste avant de partir à son travail :

« Tu les envoies aujourd'hui les invitations, parce que sinon elles arriveront après la fête.

– Je ne suis pas ta secrétaire. Ça te concerne autant que moi. C'est aussi l'anniversaire de "ton" fils, que je sache.

– Oh ! mais pourquoi tu m'agresses comme ça ?

– Tu n'as pas entendu le ton sur lequel tu m'as parlé ? Tu ne crois quand même pas que je vais me laisser donner des ordres à la maison ! J'en ai déjà assez au travail ! »

À partir de là, au moins deux possibilités se présentent au mari :

Soit il se met en relation frontale avec son épouse et il se défend avec agressivité, renvoyant en miroir l'agressivité exprimée par sa femme ; ce qui risque de les entraîner dans une spirale infernale dont on ne sait pas comment elle se terminera.

Soit il renonce à cette première solution et accepte de prendre en compte l'impact que sa phrase a eu sur sa femme, même si la réaction de celle-ci lui paraît démesurée par rapport à ce qu'il croit avoir envoyé comme message. Il opte alors pour une attitude d'écoute en manifestant à son épouse de la compréhension :

« Tu as eu l'impression que je t'ai donné un ordre.

– Bien sûr ! C'est exactement comme si je me retrouvais avec mon chef de service. C'est insupportable !

– Parce que ton chef de service, il s'adresse à toi…

– … entre deux portes, sans se soucier de ce que j'ai à faire par ailleurs. Et puis c'est toujours dans l'urgence. C'est stressant !

– Je comprends, je t'ai fait le même effet en m'adressant à toi juste avant de partir.

– Oui, et tu m'as mis la pression.

– Tu ne t'es pas sentie respectée et cela t'a mise en colère.

– Tout à fait. Et comme au travail en ce moment c'est très tendu, il ne me faut pas grand-chose pour éclater… Je ne fais même plus la différence entre le travail et la maison… Et puis tu comprends, ce chef de service avec ses manières de nous traiter, je voudrais bien lui voler dans les plumes !

– Si je comprends bien, c'est plus facile pour toi de voler dans les plumes de ton mari.

– … *(Sourire.)*

– On peut peut-être reparler de tout cela ce soir. C'est important pour nous. Maintenant il faut que je parte. Bon courage ! »

Pour permettre ce dialogue le mari a renoncé à se justifier, à vouloir avoir raison contre sa femme, à la disqualifier de quelque manière que ce soit, préférant au contraire lui montrer de l'empathie et ainsi l'aider à exprimer les véritables motifs de son agressivité. Il n'est pas tombé dans le piège du « conflit déplacé » qu'inconsciemment son épouse lui a tendu parce qu'elle ne se sent pas en mesure de traiter le conflit qui l'oppose à son chef de service.

3. Père et mère, ce n'est pas pareil

Les différences de réaction entre le père et la mère à propos des enfants sont fréquemment évoquées comme source importante de conflit dans la famille.

Issus de familles parfois très différentes, le père et la mère n'ont généralement pas reçu la même éducation, c'est pourquoi ils n'ont pas les mêmes manières de vivre au quotidien et encore moins les mêmes attitudes concernant l'éducation des enfants. Bien qu'ils se soient mis d'accord sur quelques grandes orientations pour leur vie de famille, la pratique quotidienne se charge de révéler tout ce qui les différencie. Les occasions ne manquent pas pour faire surgir des désaccords qui deviennent vite des incompréhensions ou des malentendus, et peuvent même dégénérer en querelles, en mutisme, ou bien en règlement de comptes plus ou moins violents s'ils n'y prennent pas garde.

S'ajoute à cela le fait que les représentations du couple parental, du rôle du père et de celui de la mère ont profondément évolué au cours de ces quarante dernières années. Il n'est plus question aujourd'hui de faire référence au seul modèle patriarcal qui s'imposait, à quelques nuances près selon les catégories sociales, et qui définissait le rôle de chacun des parents.

Aujourd'hui chaque couple cherche plus à inventer sa manière propre de mettre en œuvre la fonction parentale qu'à reproduire ce que la génération précédente a vécu. Et le principe qui sous-tend cette recherche est celui de « l'égalité à tout prix » entre les deux parents, égalité qui se vit souvent dans le sens d'identité, en écho à la négation de la différence des sexes prônée par la théorie du genre [1].

L'une des conséquences observables de cette évolution est la « guerre » plus ou moins larvée que se livrent entre eux pères et mères au sein de la famille.

---

1. « La théorie du genre prône l'idée selon laquelle le genre humain n'est pas déterminé par le sexe biologique. L'homme et la femme deviennent des constructions sociales qu'il appartient désormais de remettre en question » (Michel Boyancé, *Masculin, féminin, quel avenir ?*, Paris, Edifa-Mame, 2007).

Du côté des mères on peut entendre :

« **Toi, tu as de la chance, il est loin, il te fiche royalement la paix ! Parce que le mien, il est là systématiquement pour tout défaire.** »

« **Entre un père complètement absent et celui qui contredit tout, je ne sais pas ce qui est préférable.** »

« **Eh bien moi, j'essaie au contraire de l'investir dans l'éducation. Je veux qu'il soit au courant, qu'il prenne sa part.** »

« **Quand on est divorcée, c'est plus complexe. Avec mon ex, le conflit est permanent. Chaque fois qu'ils vont chez leur père, tout est remis en cause : l'école, les activités, et la messe… Quand je lui demande de me soutenir dans un de mes choix, il fait tout le contraire. Après avoir expliqué à ma fille aînée (14 ans) qu'elle n'irait pas chez son copain passer le week-end et m'être battue avec elle pendant une semaine, son père l'y a autorisée. Elle y est allée.** »

Et du côté des pères… on n'entend pas grand-chose ! Ils sont peu nombreux à s'exprimer, comme si l'enjeu n'avait pas pour eux la même importance. Et pourtant, lorsque de la part de la mère fusent des critiques sur le père : « **De toutes les façons ton père est un incapable** », des reproches : « **Je t'avais pourtant noté tous les horaires, et tu as trouvé le moyen d'amener Lucie en retard à l'école ! C'est fou ce qu'on peut compter sur toi** », des injonctions : « **Tu devrais être un peu plus patient. Tu vois bien que c'est difficile pour lui** », ou bien lorsqu'elle s'interpose entre le père et l'enfant, le père se sent :

– disqualifié dans ses compétences parentales : « **Un jour elle me reproche d'être trop cool et le**

lendemain d'être trop brutal ; je ne sais vraiment pas comment faire pour trouver grâce à ses yeux » ;

– mis sur la touche : « **Elle me contredit à chaque fois que j'interviens. J'ai décidé de me taire puisqu'il n'y a qu'elle qui sait y faire avec les enfants** » ;

– ou carrément hors jeu : « **Je n'ai plus mon mot à dire. Elle prend des décisions à propos des enfants, je suis mis devant le fait accompli** » ;

– à moins qu'il ne soit sommé d'aller consulter un spécialiste pour traiter soit son manque d'implication auprès des enfants, soit au contraire son autoritarisme brutal !

Estelle raconte un affrontement mémorable avec son mari à propos d'un de leurs fils :

« **Au retour d'une semaine de vacances, l'un de nos fils (22 ans) nous demande de nous rencontrer tous les deux, mon mari et moi-même, parce qu'il a quelque chose d'important à nous dire.**

Le moment venu, il commence à nous expliquer que, ne se sentant pas bien dans les études qu'il essayait de poursuivre, il avait décidé de tout arrêter pour faire un stage dans une entreprise de communication. D'après lui, il avait besoin de concret pour se sortir de la dépression dans laquelle il se sentait tomber. Il nous explique alors comment, en notre absence, il avait pris l'initiative de rencontrer l'un de nos amis qui finalement avait bien voulu le prendre en stage, après la rédaction d'une lettre de motivation et une entrevue avec l'un de ses chefs de service. Il commençait dans deux jours et s'en réjouissait.

Pendant le discours de notre fils, j'ai vu mon mari se fermer de plus en plus, et s'abstenir de

toute parole. Alors que, pour ma part, soulagée de voir notre fils prendre une initiative et mettre en œuvre un projet qui lui donnait un cadre, je m'intéressais à ce qu'il nous racontait en posant des questions et en l'encourageant, non sans que monte en moi une colère contre mon mari qui ne décrochait pas le moindre mot et qui manifestait physiquement sa désapprobation.

Après avoir quitté notre fils, je me précipitai vers mon mari en l'agressant :

"Je ne comprends pas, tu n'as même pas été capable d'écouter Arnaud. Dans ton travail, tu formes les autres à la communication, et là, en famille, plus rien ! C'est nul !

– Ça suffit ! Toi tu es toi et moi je suis moi. Ne me demande pas d'être comme toi, laisse-moi être ce que je suis. J'ai préféré me taire, sinon j'aurais été très violent tellement je suis en colère contre Arnaud. Il sabote ses études en arrêtant tout deux mois avant sa licence."

J'ai essayé de comprendre sa réaction, si différente de la mienne. »

4. Méthode douce ou méthode forte ?

Bien sûr tous les pères ne sont pas systématiquement agressés par la mère de leurs enfants ! Mais il n'en reste pas moins qu'une certaine tendance aujourd'hui semble valoriser un modèle dominant pour l'éducation des enfants qui inciterait les parents à développer principalement des attitudes d'écoute, de compréhension, d'accueil inconditionnel de l'enfant, de négociation : autant de valeurs généralement vécues et prônées par les mères ; et qu'il faudrait en exclure des paroles fermes, des « non » catégoriques, de la rigueur dans l'application des règles, parce que ce serait jugé trop brutal, traumatisant, violent pour les enfants.

L'idéal serait-il d'éduquer sans avoir à exercer la moindre force ou la moindre *combativité* par peur qu'elle ne dégénère en *violence* parce qu'on n'est pas suffisamment au clair sur ce qui les différencie et sur sa propre capacité à se maîtriser soi-même ? Voilà sans doute pourquoi des parents préfèrent valoriser la « méthode douce ». Mais alors que faisons-nous de la violence qui nous habite et de celle qui habite nos enfants ? Question cruciale sur laquelle il nous faudra revenir.

« **Si nous sommes deux pour faire les enfants, c'est aussi pour les éduquer à deux** », aimait à répéter à ses enfants une mère de famille. « À deux », en respectant nos différences et en faisant droit à la manière d'être de l'autre. Or dans les conflits récurrents qui nous opposent l'un à l'autre, nous ne savons plus qui a commencé : les femmes disent qu'il faut bien qu'elles assurent, sans s'apercevoir que plus elles assurent, moins les hommes ont de la place.

Les uns et les autres se sentent pris dans cette boucle rétroactive où il n'y a plus de distinction entre une cause et son effet, ni entre un fautif et une victime. Il y a deux protagonistes qui entretiennent inconsciemment ce cercle vicieux, source de *bénéfices secondaires* [2], et qui se rassurent grâce à la capacité de prévoir le comportement de l'autre. « Je savais bien que ça se terminerait par une engueulade. C'est toujours pareil. » Et si une fois c'était différent, que se passerait-il ?

2. Ce sont des avantages psychiques relatifs qu'on peut retirer d'interactions peu satisfaisantes, mais préférables à l'absence totale de relations.

Dans quelle mesure souhaitons-nous que cela change vraiment ?

5. Surtout ne pas critiquer l'autre !

« Comment se comporter quand on n'est vraiment pas d'accord avec la manière de faire de notre conjoint ? Quand par exemple un enfant vient se plaindre de son père à sa mère ?

– Surtout ne pas critiquer l'autre ! »

Ce principe est important pour sauvegarder la cohésion parentale dont l'enfant a besoin parce qu'elle lui évite de prendre parti pour l'un contre l'autre. Et en même temps nos enfants connaissent assez bien nos convictions et nos réactions ; cela fait quelques années qu'ils nous fréquentent ! Ils savent très bien que papa et maman sont différents, qu'ils ne réagissent pas toujours de la même façon ; d'ailleurs, ils savent en profiter !

Alors pourquoi chercher à leur faire croire le contraire ? Quand les parents nient une réalité perçue par les enfants, c'est source de confusion. Il est tout à fait possible de dire qu'on n'a pas le même point de vue, et qu'on se rallie cependant à celui de son conjoint parce que si chacun va de son côté, l'enfant est tiraillé. En revanche, père et mère régleront leurs différends en tête à tête, en dehors de la présence de leurs enfants.

Ce principe qui consiste à ne pas critiquer l'autre peut être très difficile à vivre ; et pourtant, on peut ne pas désespérer ni de nous ni de nos enfants, comme nous le confie Viviane :

« Je paie aujourd'hui le fait d'avoir critiqué le père de mes filles dans les années qui ont suivi notre divorce. Elles savent me le reprocher. Par contre, quand j'ai dit à la seconde, il y a une semaine : "Ton

père et moi nous sommes d'accord pour...", j'ai vu combien cela a eu du poids pour elle. »

II. LES INCONTOURNABLES PARADOXES DE LA RELATION PARENT-ENFANT

La relation entre parents et enfants est le lieu où les uns et les autres peuvent éprouver de grandes joies comme de grandes souffrances. C'est le cadre d'expériences parfois très contradictoires. En effet, les parents vivent aussi bien l'émerveillement que l'inquiétude, l'affection que la colère, la fierté que la déception...

Quel qu'en soit le cadre familial, cette relation se vit de façon éminemment paradoxale parce qu'elle demande à chaque parent de savoir conjuguer des valeurs et des pratiques apparemment opposées : affection et autorité, affirmation de soi et écoute, sécurité et prise de risque, proximité et retrait... tout en assumant les conflits qu'une telle relation ne manque pas de faire surgir, non pas parce que le parent serait « incompétent » mais à cause de la nature même de cette relation. En ce sens, le conflit entre enfant et parent est « normal », ce qui ne veut pas dire nécessairement violent.

Dans l'éducation, la volonté du parent se confronte à la liberté naissante de l'enfant ou au besoin d'opposition de l'adolescent. L'enfant demande à ses parents de répondre à ses besoins, bien souvent contradictoires : le parent a l'impression d'être pris pour un punching-ball par son adolescent qui alterne gentillesse et agressivité en très peu de temps. L'accompagnement de la croissance de l'enfant passe par des moments de crise parce que l'équilibre acquis à l'étape précédente est devenu caduc.

Pour toutes ces raisons, et bien d'autres que nous allons détailler, la relation entre les parents et les enfants est nécessairement « conflictogène ». Les parents ne peuvent pas faire l'économie de vivre ces conflits et de les résoudre de façon satisfaisante. C'est à ce prix que ceux-ci deviendront de véritables opportunités pour l'enfant qui grandit, pour le parent qui progresse et aussi pour leurs relations qui s'ajustent.

C'est sans doute très beau « sur le papier » mais comment vivre au quotidien en ne se laissant pas trop désarçonner par tous ces paradoxes et en sachant surtout en tirer profit ?

Il est vrai qu'aujourd'hui les parents ne peuvent plus faire référence à la manière dont les générations précédentes éduquaient les enfants, tant a été grande la remise en cause du système éducatif traditionnel en vigueur jusque dans les années 1970. À charge maintenant pour les parents d'éduquer leurs enfants à partir de ce qu'ils acceptent, malgré tout, de recevoir de la génération précédente et de ce qu'ils tentent d'expérimenter sans être assurés que ce soit la « bonne » manière. D'ailleurs existe-t-il une seule « bonne » manière d'éduquer les enfants ?

Pour éclairer ce questionnement en lien avec celui de la source des conflits entre enfants et parents nous parcourrons les principaux défis auxquels sont confrontés les parents dans l'éducation de leurs enfants :

– se respecter entre parents et enfants ;
– s'aimer à la bonne distance ;
– oser exercer une autorité juste et ajustée ;
– accompagner les crises de croissance de ses enfants.

Autant de défis à relever pour tous les parents qui, bien sûr, souhaitent aider leurs enfants à grandir, mais ont parfois des difficultés à se faire confiance en tant que parents.

1. Se respecter entre parents et enfants

Nous sommes bien tous convaincus de la nécessité de respecter nos enfants et pourtant il nous arrive dans la pratique quotidienne de ne pas vivre ce respect comme il serait souhaitable de le faire : il arrive, par exemple, que des parents parlent à la place de leur enfant, le traitent de menteur ou de paresseux, fouillent dans ses affaires, se moquent d'un de ses traits physiques...

Nous ne nous rendons pas toujours compte de la violence symbolique que nous faisons subir à un enfant qui, n'ayant pas la possibilité de réagir vis-à-vis de nous, accumule une tension psychique intérieure. Lorsqu'elle devient intolérable, elle s'extériorise sous forme d'agressivité ou se retourne contre lui en somatisation. Chaque manque de respect ne nous semble pas très grave. Mais la multiplication de ces violences symboliques finit par faire monter le niveau de tension psychique ou morale à l'intérieur de l'enfant. Il est donc important de faire le point sur différentes formes de respect dont nos enfants ont besoin si nous voulons prévenir certains conflits ou comprendre pourquoi il est salutaire qu'éclatent des confrontations.

a) Respecter la différence de génération

Des parents font le choix de se faire appeler par leur prénom de la part de leurs enfants. Ils estiment qu'en faisant ainsi ils peuvent vivre des relations plus proches, plus en connivence avec leur progéniture.

Vouloir ainsi gommer la différence d'âge entre nous et nos enfants revient à effacer notre statut de parent et à les empêcher de se situer à leur place de fils ou de fille ayant besoin de s'appuyer sur un père ou une mère pour grandir. Si dans un premier temps il paraît sympathique de se faire appeler par son prénom de la part de ses enfants, ou bien de s'habiller en suivant leur mode, ou encore d'adopter leur langage, ou leurs goûts, cela ne fait que semer la confusion entre les places respectives des uns et des autres. Si le parent se rassure en se donnant l'impression de rester jeune, l'enfant ou l'adolescent finit par en être indisposé : il exprime son malaise en se montrant agressif.

En cherchant à se mettre sur un pied d'égalité avec sa progéniture, le parent ne peut remplir son rôle d'éducateur qui consiste à assumer sa position d'adulte, non pour écraser son enfant, mais pour l'entraîner hors de l'enfance vers le rivage du monde des adultes. En s'identifiant à son enfant, le parent inverse le processus éducatif et parasite le chemin de croissance du jeune.

L'enfant a besoin, au contraire, que nous utilisions des marqueurs de différence :

– en se faisant appeler « papa » ou « maman » ;

– en assumant notre âge dans notre habillement, notre façon de nous exprimer… sans pour autant paraître d'un « autre » âge ;

– en distinguant leurs goûts, leurs activités, leurs préoccupations des nôtres, ce qui ne nous empêchera pas de partager avec eux des activités correspondant à ce qu'ils sont ou de leur faire découvrir ce qui nous intéresse.

Accepter de nous différencier de nos enfants en nous positionnant dans notre génération en adulte et non pas en éternel adolescent qui craint de vieillir donne à nos enfants le désir et la possibilité de grandir.

b) Respecter l'enfant comme une personne distincte du parent

Il existe de multiples façons de ne pas respecter notre enfant comme une personne à part entière, distincte de nous. Généralement nous le faisons avec une bonne intention, avec le désir de l'aider, de lui épargner une difficulté, de l'influencer dans le bon sens sans nous rendre compte, là encore, de la violence symbolique que nous lui faisons subir.

Les parents sont souvent mal à l'aise, parfois même terrorisés par les émotions que leurs enfants vivent et expriment : la colère qui surgit à cause d'une frustration, la jalousie vis-à-vis d'un petit frère, la frayeur due à l'obscurité, la tristesse provoquée par une séparation... Il arrive fréquemment que le parent ne reconnaisse pas à son enfant le droit d'éprouver telle ou telle émotion parce qu'il pense que ce n'est pas bon ou que ce n'est pas bien.

La difficulté réside dans la distinction à opérer entre, d'une part, le comportement plus ou moins violent que l'enfant met en œuvre spontanément et, d'autre part, l'émotion qui en est à l'origine. *Autant le comportement a besoin d'être recadré, autant l'émotion a besoin d'être reconnue comme telle.* En effet cette émotion appartient à l'enfant. Elle dit quelque chose de son rapport avec l'environnement, d'un besoin insatisfait. C'est une énergie qui jaillit de l'intérieur de lui-même et qui a besoin d'être prise en compte pour être orientée ensuite par l'enfant lui-même dans le sens qu'il décidera. Mais pour cela, il a besoin d'être aidé par le parent qui commencera par faire droit à l'émotion en proposant de la nommer, puis d'exprimer le besoin insatisfait qui en est peut-être la cause, en s'abstenant d'identifier l'enfant à son émotion et de porter un jugement sur celle-ci.

« **J'ai l'impression que tu ressens... parce que tu as besoin de...** », comme l'a dit Céline à son fils Quentin.

Généralement cette première étape apaise l'enfant, lui permet de mettre en mots ce qu'il y a de souffrance en lui à condition toutefois de l'écouter vraiment.

Si bien souvent les parents hésitent à aider leur enfant de cette manière, c'est parce qu'ils craignent de ne pas pouvoir soulager sa souffrance alors que celle-ci a d'abord besoin d'être entendue, pour être mise en mots par l'enfant lui-même. Ensuite on pourra (re)poser le cadre nécessaire pour aider l'enfant à maîtriser son comportement. « **Tu as le droit de ressentir de la jalousie par rapport à ton petit frère et en même temps je t'interdis de lui faire mal. Si tu le touches en lui faisant mal, tu seras puni.** » L'interdit sert de limites pour aider l'enfant à contenir sa jalousie puisqu'il ne peut pas faire face, tout seul, à ses émotions et s'abstenir de passer à l'acte. Et en même temps il respecte le ressenti de l'enfant, lui permet de ne pas se sentir complètement mauvais parce qu'il ressentirait de la jalousie ou de la colère contre son petit frère.

Il arrive aussi qu'un parent impose à son enfant de ressentir une autre émotion que celle qu'il est en train de vivre. « **Tu as décidé toi-même de ne pas aller à cette soirée. Tu devrais être content maintenant. Pourquoi as-tu encore la mine défaite ?** » Cette mère qui interpelle son adolescent voudrait lui imposer d'être content ou de faire comme s'il l'était alors qu'il vient effectivement, après discussion avec ses parents, de prendre une décision difficile. Ce serait le respecter que de lui laisser le temps de faire le deuil de cette soirée à laquelle il vient de renoncer. Personne ne peut imposer à quiconque un changement de ressenti sans lui faire violence au sens de viol c'est-à-dire d'intrusion dans son espace personnel. Il a le droit de sentir que sa décision est juste (car il a décidé de rester pour réviser un examen) tout en ressentant encore de la tristesse (car il aurait aimé rencontrer ses amis).

Il en est de même lorsque le parent prête trop facilement à son enfant une intention telle que : « **Ce n'est pas possible ! Tu l'as encore fait exprès, c'est sûr !** » Qu'est-ce que le parent peut savoir des raisons que l'enfant a de se comporter de telle manière ? C'est vrai que la provocation existe, mais en faire l'interprétation unique du comportement de l'enfant relève plus de la *projection*[3] du parent sur l'enfant que du désir de connaître les motivations du comportement observé. Cette manière de réagir risque également de semer la confusion entre le ressenti du parent et celui de l'enfant, d'enfermer ce dernier dans une image de provocateur à laquelle il ne tardera pas à correspondre, pour de bon, cette fois.

Devant un comportement incompréhensible de notre enfant, il serait préférable de lui ouvrir un espace de parole qui lui permette de dire comment il en est arrivé à cet extrême.

---

3. Mécanisme de défense qui consiste à attribuer inconsciemment à autrui des pensées ou des affects que l'on ne supporte pas en soi-même.

Frédérique est priée de venir chercher son fils de 13 ans qui vient de mettre le feu aux poubelles de son collège. Il est exclu et convoqué au conseil de discipline. Frédérique est abasourdie par le geste de son fils. C'est vrai qu'il a plusieurs fois eu des problèmes de discipline mais jamais de cette ampleur. Elle sait que, contrairement à ses frères et sœurs, il faut constamment être derrière lui pour le travail scolaire. Mais pourquoi a-t-il fait cela ? Sur le chemin du collège, elle hésite quant à l'attitude à adopter vis-à-vis de lui. En arrivant, elle accueille son fils et lui propose d'aller prendre une boisson à la terrasse d'un café pour discuter de ce qu'il vient de faire et qu'elle caractérise d'inadmissible. « Que s'est-il passé pour que tu en arrives là ? » Son fils lui exprime alors qu'il ne veut pas rester dans ce collège, qu'il n'en peut plus. Frédérique découvre, en écoutant son fils, l'ampleur de son malaise sans pour autant en comprendre la véritable raison. Elle réalise combien cet acte insensé est un cri d'alarme. Mais ce n'est qu'après un bilan psychologique qu'elle découvrira que son fils est ce qu'on appelle un enfant « précoce ». Bien sûr il passera en conseil de discipline, mais il sera orienté rapidement vers un autre établissement plus adapté à l'accompagnement de jeunes précoces.

c) Se faire respecter par l'enfant

Le respect ne peut se vivre uniquement dans le sens des parents vers les enfants, il implique nécessairement la réciproque. On peut penser que des enfants respectés par leurs parents sauront à leur tour les respecter. Ce n'est certes pas faux, mais ce n'est pas suffisant étant donné l'immaturité de l'enfant. En effet le petit enfant de 18 mois va devoir apprendre à vivre ce respect en luttant contre des pulsions agressives qui par moments le débordent. Il a alors besoin de l'aide ferme de ses parents pour apprendre à canaliser sa violence, pas seulement une fois, mais de nombreuses fois : c'est un long apprentissage. C'est pourquoi ni la mère ni le père n'ont à tout supporter de leurs petits. Ils ont, par exemple, à empêcher leur enfant de leur faire mal lorsque, sans s'en rendre compte, celui-ci les mord ou les frappe, même pour jouer. À plus forte raison lorsqu'il les agresse. C'est aux parents de marquer la limite : « **Là, tu me fais mal, je te demande d'arrêter** », avec le geste qui met le petit à distance sans pour autant perdre le contact avec lui. Par contre si le parent se met en colère parce qu'il aura laissé l'enfant aller trop loin, celui-ci ne comprendra pas et il se sentira rejeté et mauvais. Il risque alors de ne pas apprendre à canaliser sa violence mais plutôt à la refouler ou à la déplacer parce qu'il aura le sentiment qu'avec maman ou papa c'est trop dangereux.

À l'adolescence cette question redeviendra cruciale. Sous la pression de nouvelles tensions internes, des adolescents laissent sortir leur agressivité contre leurs parents à la moindre frustration ou à la moindre contrainte. Avant que celle-ci ne prenne des proportions excessives, les parents ont à poser les limites entre l'acceptable et l'inacceptable. C'est ainsi qu'ils ne tolèreront pas certains écarts de langage, les insultes ou les cris, et encore moins les coups. La difficulté pour les parents est d'avoir le courage de mettre très vite les limites pour juguler une escalade de violence qui peut submerger l'adolescent et les dépasser complètement.

L'enjeu, là encore, est de reconnaître à l'adolescent le droit à sa colère et, *en même temps*, de lui interdire des passages à l'acte violents, pour qu'il apprenne à canaliser ses pulsions agressives en s'appuyant sur cet interdit parental qu'il intériorisera progressivement.

Un père avait chassé de la table familiale et raccompagné jusqu'à sa chambre un adolescent dont le comportement était provocateur, désagréable et déplacé au cours du repas. Il témoigne qu'il avait dû s'armer de courage et faire preuve d'autorité morale sachant que son fils, champion de judo, aurait eu le dessus dans une confrontation physique.

Vivre le respect entre parents et enfants nécessite de développer une communication de qualité qui permette l'expression différenciée de chacun. Grâce à l'écoute bienveillante et à la parole qui ose se confronter sans violence, nous pouvons nous respecter dans nos différences.

2. S'aimer à la bonne distance

L'enfant a besoin de se sentir aimé et de pouvoir aimer pour vivre et grandir. S'il n'a pas fait d'expérience suffisamment bonne avec ses parents, il en reste profondément blessé. Néanmoins il peut aussi investir d'autres figures parentales.

« **Pour ma mère, j'étais un poids. Elle me blessait verbalement. Je ne comptais pas pour elle. Même si je ne la voyais qu'une fois par an, c'est ma grand-mère qui m'a sauvée. Elle m'aimait comme j'étais, sans jugement. Elle me faisait découvrir la réalité de la vie, les vraies valeurs. C'était une**

bonne relation. Pourquoi ma mère est-elle comme cela ? Aujourd'hui encore cela me révolte. »

Bien qu'il existe toujours des mères qui ont des difficultés à aimer leurs enfants, l'amour entre parents et enfants est aujourd'hui fortement recherché, valorisé et même idéalisé. Au point que les enfants, à notre époque, peuvent souffrir, non pas de trop peu d'amour, mais plutôt d'un trop-plein d'amour. Les enfants s'en plaignent-ils ? Pas toujours ouvertement, parce que chacun y trouve momentanément son compte, mais indirectement parce qu'ils finissent par en pâtir.

Telle enfant de 6 ans pleure encore quand elle doit partir à l'école. Une fois là-bas, elle y est très heureuse.

Tel adolescent laisse éclater beaucoup de violence verbale contre sa mère qui ne comprend pas pourquoi. Elle a tout sacrifié pour cet enfant.

Le phénomène « Tanguy » n'est pas qu'une fiction. Combien de jeunes n'arrivent pas à vivre en dehors de leur famille ?

Et du côté des parents qu'en est-il ?

« On m'a fait remarquer plusieurs fois que je suis trop "mère poule". Mais c'est plus fort que moi : j'ai trop peur qu'il arrive quelque chose à mes enfants. »

« Quand j'ai mon fils avec moi le week-end, je ne vais pas commencer à l'embêter. Le Père Fouettard, très peu pour moi. Alors on se donne du bon temps ensemble. »

« Mon fils est vraiment adorable. Il est très gentil avec moi. C'est bien grâce à lui que j'ai réussi à surmonter mon divorce. »

« Combien de fois ai-je proposé à mon épouse de prendre un week-end en amoureux ! Cela n'a

jamais été possible. Elle dit que c'est à cause des enfants : elle ne peut pas les confier. »

Quel est ce trop-plein d'amour qui est censé nous rendre heureux et qui nous entraîne au contraire dans des enlisements terribles ?

Cet amour instable et ambivalent désoriente les mères. **Une jeune maman confiait avec inquiétude qu'elle ne ressentait plus d'amour pour son fils aîné de 2 ans depuis que le second était arrivé, six mois auparavant. Elle se sentait particulièrement coupable d'en être arrivée là.**

Cet amour intense et fragile n'aide pas le père à trouver sa place. « **J'ai constamment l'impression de devoir reconquérir ma place auprès de mes enfants. C'est fatigant. Au travail il faut se battre pour ne pas se faire marcher sur les pieds ; à la maison il faut aussi se battre pour ne pas se retrouver éjecté !** »

Aussi surprenant que cela puisse paraître, ce trop-plein d'amour peut être source de violence, tant pour l'enfant que pour le parent, parce qu'il est vécu sans tenir suffisamment compte des lois qui régissent les relations humaines, et plus particulièrement la relation parent-enfant.

Les parents qui veulent épargner à leurs enfants un amour tyrannique ou destructeur mettent en œuvre une autre manière d'aimer :

– ne voulant pas céder à l'illusion d'un amour idéal, ils tentent d'assumer l'ambivalence inhérente à tout amour ;

– refusant de s'enfermer dans une relation fusionnelle, ils essaient d'harmoniser amour maternel et amour paternel ;

– cherchant à éviter les excès, ils régulent leur amour en faisant vibrer toutes les cordes de l'amour.

C'est ainsi que parents et enfants peuvent progressivement s'aimer à la bonne distance.

a) Assumer l'ambivalence dans l'amour

Au commencement est l'amour fusionnel. Le bébé qui vient de naître est totalement dépendant de l'amour attentif et généreux de sa maman, au point de se ressentir comme un prolongement indifférencié de sa mère. Celle-ci est toute donnée à son enfant : sans compter sa peine, elle lui consacre tout. Dans les premiers mois, mère et enfant sont ainsi quasiment confondus l'un avec l'autre dans l'amour.

Bénéfique pour l'enfant, cet amour symbiotique lui apporte la sécurité affective, la confiance en la vie et en lui-même dont il a besoin. Épanouissant pour la mère, cet amour intense déploie en elle des capacités nouvelles de don de soi, d'intuition et de confiance en soi.

Mais au milieu de ce tableau idéal il arrive que :

– la maman ait envie de « passer le bébé par la fenêtre » parce qu'il braille depuis trop longtemps et qu'elle n'a pas réussi à le calmer ;

– la maman panique d'être entièrement absorbée par le petit dernier et de ne pas se sentir aussi aimante pour les plus grands ;

– la maman aspire à fuir loin pour retrouver un peu de calme et de solitude tant est prenant ce petit être qu'elle a pourtant tellement désiré et autour duquel toute sa vie s'organise.

– la maman déprime parce qu'elle sent ses forces s'épuiser et qu'elle craint de ne pas être à la hauteur de la tâche, tout en persistant à ne pas vouloir confier son bébé à quelqu'un d'autre.

Dans ces moments-là, la maman fait l'expérience de l'ambivalence. Envers ce bébé qu'elle aime tant, il peut aussi lui arriver d'éprouver de la colère et même de la haine.

Cette ambivalence inquiète et culpabilise de plus en plus les mères qui rêvent d'un amour stable et pur avec leur enfant, d'autant plus si l'amour conjugal a déçu. Il pourrait y avoir en effet la tentation de réparer celui-ci par celui-là alors qu'ils sont de nature différente.

Ce qui déclenche des réactions aussi agressives dans cet amour fusionnel entre la mère et l'enfant, c'est la part de dépendance qu'il comporte. La haine ou la colère qui surgissent sont des défenses contre une dépendance ressentie comme excessive.

Dans l'idéal d'amour que nous nous sommes construit, il est difficilement supportable de vivre des sentiments contraires à l'égard de l'enfant et surtout d'accepter l'image négative que cela nous renvoie de nous-mêmes. Pour toutes ces raisons, nous préférons bien souvent nier cette ambivalence et refouler cette agressivité, alors qu'il serait beaucoup plus sain d'accepter de la vivre sans se culpabiliser, car l'amour que nous portons à nos enfants n'est pas fait uniquement d'émotions.

L'amour parental a besoin d'être redécouvert dans sa dimension d'engagement vis-à-vis des enfants. Au-delà des oscillations entre affection et haine, il existe la décision stable de *vouloir le bien* de nos enfants. Et dans ce cadre-là, il est possible alors pour la mère d'accueillir ses émotions de peine ou de colère pour ce qu'elles sont : des signaux indiquant bien souvent des excès ou des malfaçons de vivre l'amour. Elle peut en tenir compte pour ajuster ce qui a besoin de l'être sans se considérer comme une mauvaise mère.

Cette possibilité pour la mère de vivre et d'exprimer son ambivalence sans trop se culpabiliser est d'autant plus importante pour l'enfant que lui aussi expérimente de l'ambivalence vis-à-vis de sa mère. Il se sentira d'autant plus autorisé à la ressentir que sa mère l'assumera de son côté et qu'elle pourra contenir la violence de son enfant contre elle. C'est ce qui se passe lorsque dans un conflit l'enfant dit au parent qu'il le déteste. C'est une chance pour l'enfant de se rendre compte que sa violence ne détruit pas la mère qu'il aime, de découvrir progressivement qu'il peut aimer quelqu'un tout en éprouvant des sentiments hostiles à son égard.

Ainsi il apprendra à lier en lui affection et agressivité, à contenir sans la refouler la part d'agressivité qui existe au fond de lui et dont il aura besoin pour vivre. *A contrario*, il y aurait lieu de s'inquiéter quand ne s'exprimerait entre mère et enfant que douceur, gentillesse, patience, tolérance, disponibilité...

En effet l'ambivalence dans la relation mère-enfant est salutaire. Elle permet à l'enfant de se séparer progressivement de sa mère qui n'est pas toujours « bonne » et de pouvoir s'attacher à d'autres personnes. Par contre si l'ambivalence n'a pas droit de cité, l'enfant risque de rester enfermé dans cette première relation. Il aura tendance à tellement l'idéaliser qu'aucune autre relation ne sera jamais à la hauteur.

Nous pouvons alors comprendre pourquoi l'idéalisation de l'*amour-affection* entre mère et enfant est une forme de violence et que cette affection a besoin d'être intégrée dans l'*amour-engagement* au service de la croissance et de l'autonomie de l'enfant, futur adulte.

b) Harmoniser amour maternel et amour paternel

Lorsqu'on prend la mesure du risque d'enfermement de la relation mère-enfant, on aspire à y mettre de l'air, aussi bien pour l'enfant que pour la mère. C'est pourquoi il n'est certainement pas souhaitable de laisser se construire trop longtemps cette unique relation. En effet le bébé a besoin d'être aimé par deux personnes différentes pour ne pas succomber à un amour maternel qui pourrait devenir redoutable parce qu'il serait omniprésent et omniscient, et donc étouffant.

C'est pourquoi l'implication du père est souhaitable le plus tôt possible, non pas à la manière de la mère, mais à sa manière à lui, dans une tonalité différente qui permettra à la mère et à l'enfant de trouver la bonne distance entre eux.

Lorsque la maman ne parvient pas à calmer les pleurs du bébé, le papa y parvient souvent rapidement avec une facilité déconcertante. Le son de sa voix, la manière de prendre le bébé introduisent une différence dans la fusion mère-enfant qui étonne d'abord puis contient et apaise le bébé. La force qui émane du père rassure l'enfant. Il est heureux que les jeunes papas soient introduits de plus en plus tôt dans le contact avec leur bébé parce qu'ils posent ainsi les bases d'une relation vivante avec leur enfant. Aux mères il revient de faire confiance à leur conjoint dans leur capacité à prendre soin du bébé : en initiant le père qui se sent moins assuré et en le laissant ensuite faire comme il l'entend. C'est ainsi que le bébé sera peu à peu introduit dans une autre forme de relation : le père, en ouvrant l'espace naturellement clos entre la mère et l'enfant, crée en même temps un avenir, une évolution possible pour l'enfant, mais aussi pour la mère qui peut avoir tendance à s'enfermer comme l'indiquent les signaux de l'ambivalence.

De plus, l'enfant a besoin non seulement d'être aimé par son père, mais aussi de sentir l'amour qui unit son père et sa mère. Tout petit, il est sensible au rayonnement de l'amour conjugal entre ses parents, à la confiance qui circule entre eux et qui permet que ne s'installe pas une rivalité au sujet de l'enfant.

Dans la mesure où la mère se laissera aimer par le père dans cette période où toute son énergie est consacrée à son bébé, elle trouvera plus facilement des moyens pour traverser ses peurs, pour réguler ses colères ou pour sortir de ses tristesses. En s'appuyant sur son époux, en osant lui demander aide et conseil, la mère permet au père de prendre toute sa place, vis-à-vis de son enfant, mais aussi à l'intérieur d'elle-même. C'est en fonction de la place qu'elle lui reconnaît que la mère, en l'absence du père, saura le rendre présent comme ce *tiers* absolument nécessaire dans la relation *duelle* avec son enfant. Dès qu'une mère oublie qu'elle ne peut être mère sans un père, elle s'épuise et elle épuise ses enfants. Dès qu'elle se souvient, dans tout son être qu'elle est mère grâce à un père, elle aime ses enfants à la bonne distance, c'est-à-dire en n'oubliant pas de s'aimer aussi avec justesse.

Tel est le secret qui permet de combattre les excès possibles dans la relation mère-enfant.
Dans leur évolution les enfants auront besoin de sentir la solidité du lien qui unit père et mère, pour rencontrer *l'interdit de l'inceste*[4] et, à partir de là, développer

4. Il s'agit pour l'enfant de renoncer à la relation exclusive avec l'un de ses parents pour apprendre à vivre en tenant compte de la loi qui régit les relations entre les personnes. Son chemin vers l'autonomie en dépend.

leur identité sexuelle. Plus tard, ils pourront quitter leurs parents afin de construire leur propre vie.

Les parents qui élèvent seuls leurs enfants ont besoin, d'une part, d'entretenir la double filiation en favorisant le lien de l'enfant avec l'autre parent et, d'autre part, de signifier très précisément à l'enfant qu'il n'a pas à combler la vie affective de son parent. Son avenir à lui est en dehors de la relation avec sa mère.

Mais les enfants qui grandissent requièrent de la part des parents la capacité à déployer plus largement tous les registres de l'amour.

Tant qu'ils sont petits, nos enfants nous attendrissent. Nous nous montrons facilement indulgents devant leurs bêtises. Leur spontanéité à nous dire : « Je t'aime » répare toutes nos peines. Mais lorsqu'ils grandissent, ils deviennent souvent plus « ingrats ». Ils nous déçoivent parfois tant ils sont différents de ce que nous espérions. Ils mettent eux-mêmes de la distance entre nous.

À l'adolescence ils nous testent véritablement. À travers leurs comportements souvent contradictoires passant d'un extrême à l'autre, ils nous signifient : « Malgré toutes mes frasques, continuerez-vous à m'aimer ? »

Et puis un jour, ils partent. Continuerons-nous de nous inquiéter pour eux ou bien ferons-nous confiance à leurs forces de vie et à ce que nous avons semé.

Il s'agit pour les parents au long de toutes ces étapes d'apprendre à faire vibrer toutes les cordes de l'amour : l'inconditionnel et le conditionnel, le don de soi et l'accueil de l'autre, l'amour de l'autre et l'amour de soi. Dans cette nécessité à manier les paradoxes de l'amour, père et mère ne sont pas semblables, chacun a besoin de l'autre pour déployer les dimensions qui ne lui sont pas spontanées. Heureuse différence sexuelle qui nous rappelle qu'aucun de nous n'est parfait.

3. Exercer une juste autorité

L'exercice de l'autorité dans la famille n'a pas toujours bonne presse. Il est souvent assimilé à l'autoritarisme dont on est fier de s'être affranchi et qui, cependant, hante encore les esprits. « **Il ne faudrait pas revenir en arrière !** » Alors, par crainte de reproduire un système éducatif révolu, des parents tentent de se débrouiller autrement. Non sans mal, car il leur arrive de se retrouver débordés par leur progéniture qu'ils ont de la peine à comprendre. Pourquoi des enfants qu'on n'embête pas avec des règles et des limites se montrent-ils aussi ingrats et aussi violents ? L'amour ne remplace-t-il pas avantageusement l'autorité ? C'est une croyance de plus en plus partagée par des parents de bonne volonté qui estiment bien faire en ne contraignant pas trop leurs enfants. Qu'en pensent ceux-ci ?

« **Tu as de la chance, toi, tes parents te fichent la paix. Ils ne t'imposent pas grand-chose. Tu fais ce qu'il te plaît.**

– **C'est vrai qu'ils me laissent tranquille ; mais tu vois, il y a des moments où je me demande s'ils m'aiment vraiment. J'ai l'impression de ne pas compter pour eux. Je préférerais qu'ils se soucient un peu plus de moi en étant un peu plus fermes.** »

À en croire ce dialogue entre adolescents, l'exercice de l'autorité parentale pourrait être une preuve d'amour, alors que des parents ne l'exercent pas par crainte de perdre l'affection de leurs enfants. S'ils savaient en effet combien les enfants ont besoin de cette autorité parentale pour grandir ! On pourrait la comparer aux berges d'un fleuve. Quand il n'y en a pas, le fleuve quitte son lit en s'étalant largement et il perd de sa force. Quand elles existent, le fleuve est contenu, il suit son cours avec plus de vigueur. Il en est de même pour les enfants qui dès 18 mois et jusqu'à l'adolescence ont besoin de l'autorité bienveillante de leurs parents pour grandir. Ne nous étonnons donc pas qu'en l'absence d'autorité de notre part les enfants la recherchent par toutes sortes de comportements provocateurs. Lorsque l'adolescent manque de repères précis de la part de ses parents, il cherche à rencontrer des limites en adoptant des conduites à risque : consommation d'alcool ou de drogues, défis mettant en danger sa vie, pratiques sexuelles effrénées... Ne montrer que de la compréhension face à ces comportements dangereux pour lui et pour les autres revient à laisser le jeune livré à une forme de violence : celle de l'absence de limites. Il est urgent de redonner à nos enfants les limites dont on les prive en croyant les aimer : la loi n'est pas opposée à l'amour, elle en garantit la qualité.

Entre autoritarisme et laxisme il y a place pour l'exercice d'une autorité bienveillante que les parents ont le devoir d'exercer comme le leur rappelle le Code civil :

« L'autorité parentale est un ensemble de droits et de devoirs ayant pour finalité l'intérêt de l'enfant. Elle appartient aux père et mère jusqu'à la majorité ou l'émancipation de l'enfant pour le protéger dans sa sécurité, sa santé et sa moralité, pour assurer son éducation et permettre son développement dans le respect dû à sa personne. Les parents associent l'enfant aux décisions qui le concernent, selon l'âge et son degré de maturité » (art. 371-1 modifié par la loi du 4 mars 2002).

Avoir le courage d'exercer son autorité de parents c'est, bien sûr, aller au-devant de confrontations avec ses enfants parce qu'on ne les laisse pas vivre selon leur seule spontanéité. Mais c'est aussi leur épargner l'angoisse suscitée par l'absence de contraintes. Et finalement, c'est leur baliser un chemin de croissance pour qu'ils deviennent des hommes et des femmes.

Mettre en valeur la nécessité d'exercer l'autorité remet en cause la représentation idéalisée de l'enfant que nous avons tendance à nous forger. Sa nature n'est-elle pas bonne ? Ne risquons-nous pas de contrarier son tempérament ? Certes il porte en lui des forces de vie qui sont à respecter. Mais pour donner le meilleur de lui-même il a besoin d'être canalisé, humanisé, en se confrontant à des limites et à des règles extérieures à lui-même. S'il ne vit pas cette confrontation auprès de ses parents qui l'aiment, il la vivra inévitablement à l'extérieur de la famille et le choc en sera beaucoup plus rude.

Quelles sont donc les conditions d'exercice d'une autorité qui aide l'enfant à grandir comme le suggère l'étymologie *augere* qui signifie croître, augmenter ?

a) Vivre la relation triangulaire loi-parent-enfant[5]

L'exercice de l'autorité comporte des pièges dans lesquels nous tombons facilement.

Marie appelle sa fille Zoé (4 ans) pour qu'elle vienne à table. Zoé continue de jouer comme si elle n'avait rien entendu. Quelques instants plus

5. Ce paragraphe est particulièrement inspiré par Vincent LAUPIES, *Autorité et dialogue*, Paris, Le Laurier, 2002.

tard, Marie revient à la charge : « Zoé, viens manger, nous t'attendons. » Aucune réaction de la part de Zoé. Alors sa mère, excédée, répète son ordre : « Maintenant, Zoé, ça suffit. Tu cesses de jouer et tu viens tout de suite à table. Sinon ça va aller très mal. » Zoé marmonne : « Méchante maman, pas gentille » et elle donne un coup de pied dans ce qu'elle faisait. Marie cette fois se fâche très fort et elle prend l'enfant par le bras et l'amène à table. Zoé pleure bruyamment. Sa mère est en colère et se sent coupable de la mauvaise ambiance de ce début de déjeuner. Zoé finit par manger un peu, mais elle pleurniche pendant une bonne partie du repas.

Un père hèle son fils de 15 ans prêt à partir sur son scooter :

« Xavier, mets ton casque !

– Tu m'embêtes avec tes recommandations. De toute façon, je ne vais pas loin.

– Je t'interdis de prendre ton scooter si tu ne mets pas ton casque (*sur un ton de plus en plus énervé*).

– Une autre fois, je suis pressé !

– Et puis, où vas-tu ? On se met à table dans un quart d'heure !

– Oh ! mais ça ne te regarde pas. Tu ne peux pas me lâcher un peu !

– Tu n'as pas à me parler sur ce ton-là. Je te préviens que ça ne se passera pas comme ça (*avec colère, en criant sur son fils*) !

– Ce n'est pas ma chance d'avoir un père pareil ! (*Xavier, sans son casque, démarre son scooter bruyamment sous le nez de son père.*)

– Non mais vous avez vu pour qui il se prend celui-là ? *(Très fâché contre son fils insolent et contre lui-même qui n'a pas réussi à se faire obéir.)* »

Dans ces deux cas on assiste à une véritable escalade d'agressivité entre le parent et l'enfant : celui-là renchérit dans l'imposition, déterminé à ne pas céder et celui-ci résiste, tient tête et en arrive à s'en prendre à la personne même de son parent qu'il finit par insulter.

Ni l'un ni l'autre ne semblent prêts à céder, au point qu'ils se retrouvent tous deux pris dans une véritable impasse. Cela ne peut se terminer que par un soi-disant *gagnant*, celui qui réussira à imposer sa force en dominant l'autre et un *perdant*, celui qui cédera en se soumettant, non sans en ressentir de la frustration et de la colère. En réalité, parent et enfant ne sont-ils pas perdants tous les deux ?

Le conflit, qui au point de départ a éclaté à propos d'un objet défini (venir à table quand maman appelle ; mettre son casque quand on prend le scooter), se transforme en un conflit de personnes. L'ordre donné par le parent est ressenti comme étant la volonté propre de celui-ci et c'est donc contre la personne de son parent que l'enfant s'insurge. Aussi chacun essaye-t-il de s'imposer à l'autre avec différentes stratégies. Quand l'enfant est petit, le parent a plus facilement le dessus, mais lorsqu'il devient adolescent, le rapport de forces peut s'inverser.

Comment alors sortir de l'impasse ?

Le parent a besoin de fonder son autorité non pas sur sa force, mais sur son statut de parent qui lui donne le droit et le devoir d'indiquer la loi à ses enfants (voir Code civil, cité p. 78). Ainsi, les enfants apprennent à obéir à la loi (ou aux règles) qui dit ce qui est permis et ce qui est défendu pour tous les membres de la famille, et non pas à la volonté propre du parent. Et donc l'enfant est stimulé à se positionner par rapport à un troisième terme qui est distinct de la personne de son parent et de lui-même.

La relation duelle dans laquelle parent et enfant s'étaient enfermés s'ouvre alors sur un *tiers* qui équilibre et structure la relation. En effet parent et enfant sont également soumis à la loi qui garantit le respect entre les personnes et donc l'exercice de la liberté de chacun. Le parent est porteur de cette loi auprès de ses enfants jusqu'à ce que ceux-ci soient suffisamment matures pour être en mesure de s'y conformer sans une pression extérieure, parce qu'ils l'auront reconnue bonne pour eux-mêmes et pour leurs relations avec les autres.

L'enfant peut ne pas être d'accord. Ce n'est pas alors contre la personne de son parent, c'est contre la loi ou les règles. C'est pourquoi il est important que l'enfant connaisse les conséquences qu'il risque d'encourir en transgressant la loi : les sanctions que les parents lui donneront.

Exercer l'autorité en se situant dans la relation triangulaire loi-parent-enfant permet de ne pas s'enfermer dans un rapport de forces qui entraîne inévitablement de l'agressivité, et cela conduit l'enfant à se responsabiliser parce qu'il est stimulé à se positionner en connaissance de cause.

b) Redécouvrir la vertu de l'obéissance

Des parents se plaignent fréquemment de la difficulté qu'ils ont à se faire obéir de leurs enfants malgré les explications qu'ils donnent pour justifier telle ou telle règle. Généralement ces discussions sont sans fin et se révèlent inopérantes parce qu'elles s'achèvent plus ou moins brutalement par des cris ou même des coups du parent excédé et des pleurs de l'enfant. C'est ainsi que beaucoup de parents oscillent aujourd'hui entre la « méthode douce » (explications et négociations) et la « méthode forte » (cris et claques), ne sachant pas comment se sortir d'un exercice insatisfaisant et culpabilisant de leur autorité.

L'accent mis sur la nécessité de considérer l'enfant comme une personne fait parfois oublier aux parents qu'il est, certes, une personne, mais en cours de construction. Bien souvent nous nous comportons avec nos enfants comme s'ils étaient de petits adultes capables de raisonner, capables de se maîtriser instantanément, et nous perdons de vue leur immaturité d'enfant ou d'adolescent, entretenant avec eux une relation plus égalitaire que « hiérarchique » (parentale).

Bien sûr il est souhaitable d'expliquer le pourquoi des règles pour stimuler chez nos enfants une obéissance intelligente. Mais il y a un temps pour tout : un temps pour expliquer et un temps pour obéir. Lorsque le parent ne fait pas cette distinction, il sème la confusion chez l'enfant, il laisse croire qu'une négociation est possible alors que c'est au parent de prendre position en imposant à l'enfant ce qu'il croit être juste : **« Maintenant ça suffit. Tu éteins l'ordinateur et tu te mets à ton travail scolaire. »**

Père et mère n'ont pas la même facilité à trancher ainsi. Bien souvent le père aide la mère qui a plus tendance à s'enliser dans des discussions interminables avec ses enfants. Mais il arrive aussi qu'un père se fasse manipuler par l'un de ses enfants qui sait bien comment le prendre. En s'appuyant sur la fermeté bienveillante de son parent l'enfant apprend à lui faire confiance, il gagne en sérénité intérieure et il intériorise le sens de la loi comme une parole de vie.

Lorsque des parents désirent changer leur manière de faire, ils ont à tenir bon face à leurs enfants habitués à toujours discuter. Pour ne pas « se faire avoir » par des provocations ou des manipulations, ils auront besoin de recourir à des sanctions, pas uniquement des menaces de punition, car c'est inefficace, mais l'annonce d'une sanction précise s'il y a transgression d'une loi, et l'application effective le cas échéant. En effet il est souhaitable que l'enfant apprenne à obéir non pas pour échapper à un châtiment mais parce que la loi le demande. Sinon il apprendra très vite à ne pas se faire prendre pour éviter la punition et il ne développera pas un juste sens de l'obéissance. À l'adolescence cela donnera : **« Tout m'est permis si je ne me fais pas prendre. »**

c) Du bon usage de la sanction

Les parents demandent souvent quel genre de sanctions ils peuvent appliquer. Elles sont très variées selon les familles et plus particulièrement selon l'enfant et la nature de la transgression. Elles n'ont en aucun cas à être données sous le coup de la colère parentale ni dans un esprit de vengeance. Il est essentiel que la sanction ait du sens pour l'enfant qui la reçoit. En tenant compte des quatre raisons d'être d'une sanction, les parents peuvent trouver celle qui conviendra :

– une sanction permet de signifier à l'enfant la réalité de sa transgression ;

– elle le libère de la culpabilité émanant de la transgression ;

– elle sert à réparer les conséquences de la transgression ;

– elle vise à réintégrer l'enfant dans la relation avec l'offensé ou avec la famille car celui qui a transgressé une règle s'est mis « hors jeu » du groupe.

La sanction permet à l'enfant de prendre la mesure de la réalité de la loi ou de la règle appliquée par le parent, à condition toutefois qu'elle respecte la dignité de l'enfant.

Et la fessée encore préconisée par certains parents, que peut-on en penser ?

Écoutons ce que des parents ressentent lorsqu'ils frappent leur enfant :

« **Quand, malgré moi, je bats Artur (4 ans) j'ai envie de le prendre dans mes bras, de lui dire que je l'aime et que je regrette de l'avoir frappé.** »

« **Quand je donne une fessée à Astrid (3 ans) parce qu'elle a dépassé les bornes, je me sens soulagée. “Elle a eu ce qu'elle méritait.” Mon stress est parti, j'ai les idées plus claires.** »

« **Je me suis surprise à frapper Julien (5 ans). Cela ne m'était jamais arrivé. J'ai été effrayée de sentir la violence dont j'étais capable.** »

Quel que soit le châtiment corporel infligé à l'enfant : fessée, gifle ou coup, il est rarement une réponse adéquate parce qu'il relève plus de la violence que de l'éducation.

Cependant, le parent qui, un jour, frappe son enfant parce qu'il est à bout, n'en devient pas pour autant un criminel. Il a besoin de comprendre ce qui a pu l'amener à ce geste, plutôt que de se laisser aller à une culpabilité qui cherche à se justifier : « **Tu m'as poussé à bout !** » « **On dirait que tu cherches les coups.** »

Il existe des raisons suffisantes pour encourager les parents à ne pas avoir recours aux punitions corporelles :

– elles sont généralement inefficaces pour faire évoluer le comportement d'un enfant de façon durable. L'enfant battu devient soumis ou rebelle ;

– elles ne correspondent à aucune des raisons d'être d'une sanction digne de ce nom. Quel sens l'enfant leur donne-t-il ?

– agresser le corps de l'enfant par des gifles, des fessées ou des coups, c'est agresser la personne de l'enfant (je suis mon corps). Cela contribue à lui faire croire qu'il est mauvais quel que soit le comportement qu'il a eu (si papa me tape c'est parce que je suis un mauvais petit garçon) ;

– punir un enfant à l'aide de châtiments corporels, c'est l'inciter à obéir à la violence et non pas à la loi. Quand il voudra obtenir quelque chose de quelqu'un, il le frappera à son tour ;

– ce n'est pas en battant les enfants qu'on peut leur apprendre à ne pas être violents entre eux. Pour combattre la violence, il est nécessaire de recourir à des moyens non violents.

Les moyens non violents font appel au regard et à la parole qui permettent d'éviter l'usage de la violence. Quand on donne une fessée à un enfant, on ne le regarde pas !

d) L'importance de la frustration dans l'éducation

L'exercice d'une autorité tranchée, quand cela est nécessaire, et le recours à des sanctions font souvent frémir les parents qui, sous prétexte de ne pas rendre malheureux leurs enfants, ont tendance à leur céder trop facilement. C'est pourquoi de plus en plus d'enfants ont aujourd'hui un seuil de frustration très bas qui les conduit à vivre comme une violence toute confrontation à la réalité. Les parents ne se rendent pas compte à quel point leur absence d'autorité laisse la violence faire son œuvre insidieusement dans les relations quotidiennes où se multiplient les réactions impulsives à la moindre frustration. En l'absence de limites, l'enfant livré à lui-même épuise son désir dans tous les possibles, et c'est ainsi que s'installent l'ennui puis la lassitude et enfin la déprime. L'enfant à qui l'on accorde tout ce qu'il veut finit par ne plus ressentir de manque. Il ne désire plus. C'est alors que la violence s'installe.

L'exercice d'une juste autorité parentale, vécue à travers tous les conflits inévitables de la vie de famille, est le moyen indispensable pour aider l'enfant à gérer sa violence pulsionnelle naturelle. En effet tout enfant arrive au monde avec sa part de violence au fond de son être. Celle-ci a besoin d'être humanisée pour ne pas éclater contre ses proches ou contre lui-même. C'est en intégrant progressivement à l'intérieur de lui les règles et les lois que ses parents auront su lui transmettre que l'enfant puis l'adolescent apprendra à se construire en faisant la part entre ses émotions et son comportement, en développant sa capacité à vivre des relations dans le respect de soi et des autres, et en se préparant à trouver sa place dans la société sans crainte excessive de la dureté des relations.

4. Accompagner les crises de croissance de l'enfant

L'enfant grandit en franchissant des seuils qui sont autant de « crises » à traverser pour se construire. À chaque étape, il expérimente de nouvelles possibilités, il développe de nouvelles acquisitions, mais il doit aussi renoncer à des attitudes devenues infantiles ou régressives. À chacun de ces passages l'enfant vit comme un déséquilibre entre l'état ancien à dépasser et un nouvel état inconnu à inventer.

Une adolescente confiait qu'elle avait l'impression d'être engagée sur une planche en équilibre instable sur un rondin : si elle continuait d'avancer, la planche basculerait de l'autre côté lui permettant de retrouver une nouvelle stabilité. Cette image permet de comprendre l'inconfort que peut ressentir un jeune dans cet entre-deux qu'est l'adolescence.

L'enfant avance donc de dépassement en dépassement vers la construction de son identité, vers la maturation de l'âge adulte. Il y est poussé par une force de croissance et, en même temps, il traverse des conflits intérieurs qui s'extériorisent soit sous forme d'opposition parfois violente, soit au contraire sous forme de repli sur soi pouvant aller jusqu'à la dépression.

a) S'adapter à chaque étape

Les parents n'ont donc pas à s'étonner des difficultés qui peuvent surgir lors du passage de ces étapes. Elles s'accompagnent inévitablement de sentiments ambivalents dont l'intensité varie selon les enfants : entre l'excitation suscitée par la nouveauté et la tristesse de perdre ce qui le rassure, l'enfant peut aussi craindre de ne pas « savoir faire » ou de ne pas « savoir être » à la hauteur.

Tout ceci est proche de ce que nous vivons quand nous perdons un travail, la santé ou un être cher. C'est un véritable séisme qui nous assaille ; il réclame de notre part de nouvelles décisions. Et une fois passé le temps du deuil, nous en ressortons différents et transformés.

Les parents ont donc besoin de s'adapter, eux aussi, à ces changements pour être en mesure d'accompagner leurs enfants. C'est une dimension délicate de leur rôle de parents que d'accepter d'être ainsi « délogés » pour affronter l'inconnu. Il n'est pas rare d'entendre des parents dire qu'ils n'ont pas vu grandir leur enfant, surtout lorsqu'il s'agit de l'aîné qui ouvre le chemin ou du petit dernier qui ferme la marche. Ceci provoque bien souvent des conflits entre les parents et l'enfant qui a l'impression d'étouffer dans un habit beaucoup trop petit pour lui. Alors il tente, à sa manière, de manifester son mal-être. La difficulté pour le parent réside dans la capacité à reconnaître et à comprendre les nouveaux besoins de l'enfant lors de ces périodes qui peuvent être intenses, même si elles ne durent qu'un temps.

b) Faire confiance à sa capacité de grandir

À ces passages obligés que sont les étapes du développement psychologique de l'enfant s'ajoutent toutes les pertes et les séparations que la vie lui inflige et qui peuvent devenir, elles aussi, des opportunités : l'enfant est confié à des grands-parents pour des vacances ou lors d'un voyage de ses parents ; l'enfant est conduit à la crèche parce que sa mère a repris son travail ; un autre enfant naît dans la fratrie ; la famille déménage et cela entraîne un changement d'école… tous ces événements perturbent l'enfant qui peut aussi les transformer en occasions pour grandir, comme en témoigne Martine, mère de quatre enfants :

« Notre dernier fils, Romain, avait 9 ans quand j'ai repris un travail à temps partiel. Mais j'ai dû

faire un déplacement professionnel de cinq jours loin de chez moi. Le premier soir, j'ai appelé à la maison pour avoir des nouvelles. J'ai eu Romain au téléphone qui très vite m'a dit d'un ton plaintif que je lui manquais et qu'il était très triste que je sois partie si loin si longtemps. La conversation s'est terminée dans les pleurs. J'ai essayé de lui dire que je comprenais sa tristesse et que j'aurais aimé pouvoir le consoler mais j'avais l'impression que ce n'était pas très efficace. En raccrochant je ne me sentais pas très bien. Avais-je bien fait d'accepter ce déplacement ?

« À mon retour, je me demandais dans quel état je retrouverai Romain. Dès qu'il m'a vue, il m'a sauté au cou en me disant tout content : "Maman, tu sais, j'ai grandi !" Et j'ai vraiment pu le constater dans les jours qui ont suivi : il avait gagné en autonomie. »

c) Devenir des « passeurs » suffisamment solides

Les conflits avec les enfants risquent de réactiver ceux que nous avons eus, nous aussi, lorsque nous étions enfants ou adolescents.

Jean est père de trois enfants. Parmi eux, Élise (12 ans) a de grosses difficultés scolaires : elle est lente, elle a beaucoup de mal à comprendre dès que c'est un peu abstrait, sa mémorisation est très faible. Chaque soir, le temps des devoirs est un véritable cauchemar et Élise progresse peu. Pourtant Jean met son point d'honneur à vouloir aider sa fille : il prend du temps avec elle, mais cela se termine toujours par des colères du père et des pleurs

de sa fille. Pourtant, malgré la violence qui s'exprime dans ces moments-là, Jean ne veut pas lâcher et il continue de faire travailler Élise, mais cela devient un véritable drame qui déborde sur les autres membres de la famille.

Au cours d'une thérapie qu'il entreprend parce que ses colères sont devenues de plus en plus fréquentes au sein de la famille, Jean prend conscience que la colère qui déborde aujourd'hui de manière si violente contre sa fille n'est autre que sa colère contre son père qui était très autoritaire et très intransigeant, envers lui particulièrement. À aucun moment il n'avait pu évacuer cette colère : c'était impensable. Il n'avait pu que la refouler. C'est elle qui ressort aujourd'hui contre sa fille en échec scolaire.

Après s'être occupé de sa colère intérieure, Jean a pu changer sa manière d'aider sa fille dans les difficultés scolaires qu'elle rencontrait.

Accompagner la croissance des enfants vers leur maturité d'adulte n'est donc pas de tout repos pour les parents. Ceux-ci ne manqueront pas d'être entraînés dans les tourbillons parfois houleux vécus par leurs enfants. Ils ont à être des « passeurs » suffisamment solides et suffisamment souples pour garantir à l'enfant les repères qui assurent la continuité, et pour oser prendre des risques qui permettent l'évolution.

En fonction des âges et des circonstances, les parents tentent de doser au mieux leurs attitudes en se rappelant toutefois qu'ils ont une « obligation de moyens » mais pas une « obligation de résultats », pour parler comme les juristes ! Il incombe à l'enfant lui-même de vivre sa croissance à partir de ce que ses parents lui offrent. C'est pourquoi le résultat nous échappe, et c'est heureux !

Nous allons parcourir les grandes périodes de la vie des enfants et passer en revue les principaux sujets ou moments conflictuels entre enfants et parents. Nous situerons les enjeux pour la croissance de l'enfant et en dégagerons ses besoins à chaque période.

d) Mon bébé pleure, il est inconsolable

Les pleurs du bébé constituent son premier mode d'expression. Ils jouent un rôle important dans l'interaction qui s'établit entre le nourrisson et ses parents. Progressivement, maman et papa apprennent à y reconnaître un sens et à y répondre par des gestes appropriés accompagnés d'une parole qui rassure, qui peut aussi distraire et qui toujours nourrit le bébé. C'est à partir de cet échange que parents et enfants construisent les bases de leurs relations.

La jeune maman peut douter de sa capacité à calmer son bébé qui pleure surtout lorsqu'elle reçoit des conseils contradictoires. En fait elle a tout simplement besoin de *se faire confiance*. Que ressent-elle du besoin de son bébé qui pleure ? Comment a-t-elle envie de répondre à ses cris ? Peu importe ce qu'en disent mère et belle-mère !

Le papa aussi est compétent pour apaiser les pleurs ou les cris de son bébé. Même si ce n'est pas lui qui l'allaite, il peut le prendre dans ses bras pour le cajoler, lui parler, le distraire. Plus tôt il le fera, plus facilement il trouvera les bonnes attitudes. Ce faisant, il permet à la maman de ne pas se sentir l'unique consolatrice du bébé.

Au fil des semaines et des mois, les parents repéreront l'évolution des pleurs chez leur bébé.

Juste après la naissance, les pleurs du bébé se calment facilement par le contact peau à peau avec sa maman et par la tétée (sein ou biberon). C'est essentiellement la sensation de faim qui le fait pleurer. Il n'y a donc pas de raison de le laisser pleurer et de ne pas venir le réconforter. Avec des hauts et des bas, les demandes de tétée s'espacent progressivement.

Il arrive cependant que des nourrissons souffrent de colique, de régurgitations acides ou d'irritation... Lorsque bercement et tétées ne réussissent pas à calmer le bébé, il est nécessaire de consulter pour déceler quel mal le fait souffrir.

En grandissant, les pleurs du bébé deviennent plus complexes : ils peuvent être motivés par de la colère, de la fatigue, de la peur ou une douleur. Le langage du bébé se nuance et appelle des réponses plus variées de la part des parents.

À partir de six mois, les dents qui commencent à pousser font souffrir l'enfant. Il existe différents traitements susceptibles de soulager efficacement le petit enfant qui pleure de douleur ou d'énervement.

Autour du huitième mois, ce sont les séparations d'avec maman ou le contact avec une personne inconnue qui pourront être à l'origine de très gros chagrins. Mettre son petit enfant en contact progressivement avec une nouvelle personne, dire à l'enfant une parole qui anticipe sereinement, avoir recours au doudou... pourront aider l'enfant à traverser son angoisse de séparation.

Alors qu'il acquiert de plus en plus d'autonomie avec l'apprentissage de la marche, d'autres angoisses surgissent, en particulier celle de l'obscurité : l'enfant de 10 à 12 mois peut se mettre à hurler quand on ferme la porte de sa chambre. Dans ce cas-là, laisser la porte entrouverte sur le couloir allumé ou utiliser une veilleuse peut rassurer l'enfant qui craint de rester tout seul dans sa chambre.

Il est donc important de pouvoir satisfaire les besoins du bébé au cours de sa première année. En pleurant ou en criant, il manifeste un manque qu'il est impuissant à combler par lui-même. Dans sa totale dépendance de ses parents il a besoin d'éprouver leur « toute-puissance » à le soulager, à le consoler, à le rassurer. C'est ainsi qu'il construira sa confiance de base envers ses parents et envers la vie.

e) Dans la petite enfance : le besoin de s'affirmer provoque des conflits

Mon fils de deux ans et demi dit non à tout ce qu'on lui demande et il se met en colère dès qu'on lui résiste.

À partir de 18 mois ou deux ans, l'enfant entre dans une période où il commence à vouloir s'affirmer. Pour cela il reprend à son compte le « non » que ses parents lui ont déjà exprimé pour sa sécurité (« Non, tu ne touches pas à la prise de courant ! ») et pour leur confort (« Non, tu ne me jettes pas la cuillère pleine de purée à la figure ! »). Il teste le pouvoir de ce « non » sur ses parents, sans pour autant en comprendre toute la signification. Il peut, par exemple, refuser un dessert que sa maman lui propose en disant non et puis le manger quelques minutes plus tard parce qu'il en aura décidé ainsi. Il peut aussi se mettre en colère quand on lui résiste, réagir avec fureur quand on lui interdit quelque chose ou vivre des rages incroyables que les parents ont beaucoup de difficultés à calmer. **C'est le cas de Kevin (4 ans) : faisant des courses avec sa mère dans un grand magasin, Kevin repère un sac fantaisie qui lui plaît beaucoup. Il veut absolument prendre ce sac que sa mère trouve particulièrement laid : « Il n'en est pas question, tu n'auras pas ce sac. » Kevin ne supportant pas le refus de sa mère pique une grosse colère. Il se roule par terre en hurlant tant et si bien qu'après une pénible demi-heure de honte sa mère finit par céder. Lorsqu'ils arrivent devant la caisse, le charmant bambin décrète que le sac ne l'intéresse plus.**

Ces oppositions et ces colères ne sont pas forcément des « caprices ». Elles manifestent le besoin de l'enfant d'exprimer ses désirs pour se différencier de ses parents, pour exister en face des autres. C'est pourquoi il peut entrer en conflit lors de n'importe quelle circonstance du quotidien : l'habillement, le repas, une sortie, la toilette, le coucher. Tout peut être prétexte à se confronter à la volonté de l'un de ses parents.

Comment réagir face à ces premiers conflits ? Il n'est pas toujours facile de garder son calme quand on est avec l'enfant toute la journée et que ces oppositions se répètent plusieurs fois par jour à la maison ou dans la rue. Il est tentant de s'énerver, de crier ou de taper pour se montrer le plus fort et contraindre l'enfant à changer d'attitude. D'autres fois on sera tenté de laisser faire en cédant pour éviter le conflit et avoir la paix.

Or de quoi l'enfant a-t-il besoin dans ces moments-là ? Il a besoin de parents qui comprennent que la confrontation est normale, qu'elle est même nécessaire pour se construire car c'est dans la différenciation que l'enfant se construit et non pas dans la symbiose qui cultive ce qui est semblable. De même, la colère de l'enfant en réaction aux frustrations ou limites imposées est tout à fait légitime. Elle est signe de l'émergence de ses désirs et de sa personnalité. Les parents qui comprennent que ces oppositions ne sont pas tournées contre eux mais qu'elles émanent d'un besoin d'affirmation de soi chez l'enfant gardent plus facilement leur calme dans ces moments-là.

Comment mettre les limites nécessaires sans briser la personnalité naissante du petit enfant ?

Si l'enfant a le droit à son opposition et à sa colère pour construire son identité, il a besoin par contre que le parent lui mette des limites pour lui interdire de tout casser ou de faire mal, pour sentir qu'il n'est pas autorisé à être « tout-puissant », ce qui n'est pas évident pour ce petit enfant qui a été le centre du monde pendant sa première année. Mais il serait dommageable pour lui d'exercer son pouvoir sur l'un ou l'autre de ses parents. Au contraire il se sent en sécurité lorsque ceux-ci restent maîtres de la situation.

Toutefois il est délicat pour les parents d'exercer leur autorité sans briser la volonté naissante de leur petit et sans la manipuler non plus. Lorsque l'enfant se met en colère et commence à s'en prendre aux objets ou à vouloir frapper son parent, celui-ci peut à la fois constater la colère de son enfant : « **Tu n'es pas content parce que je t'interdis de prendre cet objet** », et l'empêcher de casser en le conduisant fermement dans sa chambre : « **Là tu peux continuer de crier, je reviendrai quand tu seras calmé.** » Guettant le retour au calme, le parent revient vers l'enfant en lui demandant s'il se sent mieux maintenant. Si c'est non, l'enfant a besoin d'un peu plus de temps. Si c'est oui, le parent propose à l'enfant de partager quelque chose avec lui : une boisson, une histoire ou un jeu qui permette de renouer la relation.

En pratiquant ainsi, le parent n'exige pas de l'enfant qu'il réprime tout de suite sa colère. Si c'était fréquemment le cas, l'enfant prendrait l'habitude de refouler sa colère qui risquerait d'exploser autrement, plus tardivement et de façon plus violente parce qu'elle se serait accumulée.

De même, il serait néfaste pour l'enfant que ses parents prennent l'habitude de le distraire de sa colère par des formes de manipulation : lui promettant des gratifications s'il cesse instantanément ; lui disant qu'il est « méchant » et qu'il fait beaucoup de peine à maman ; le menaçant de toutes sortes de punition que viendraient lui infliger des personnes extérieures… Le recours trop systématique à ces formes de chantage affectif entretient de la confusion chez l'enfant qui, dans son besoin de se construire, est empêché de se situer par rapport à ses parents et par rapport aux limites que ceux-ci lui imposent.

Il existe aujourd'hui un autre écueil pour les parents qui sont souvent fascinés par les comportements très affirmés de leur petit : ils le laissent tout faire et même prendre des décisions qui ne lui reviennent pas. Cette tendance, due à la place centrale que les enfants occupent aujourd'hui au sein de la famille, peut piéger les parents mais aussi les enfants. En effet l'éducation ne consiste pas à satisfaire tous les désirs de l'enfant : elle consiste à oser lui poser des limites à l'intérieur desquelles l'enfant peut agir. Grâce à ces limites qui vont parfois s'opposer à certains de ses désirs l'enfant grandira en liberté. Tout en étant conscient de ses propres désirs, il apprendra à vivre selon les lois qui régissent les relations humaines. C'est ainsi qu'en occupant leur place d'éducateurs, les parents aident leurs enfants à trouver la leur ; cela les rassure et les aide à grandir.

Calme et fermeté sont donc les deux attitudes à conjuguer face aux oppositions plus ou moins coléreuses des petits de 2 à 6 ans. Tout en leur assurant la stabilité de leur amour (« Quoi que tu fasses, je t'aimerai toujours »), les parents gardent la maîtrise de la situation (« Si tu t'opposes, tu vas me trouver »). Alors, munis de cette double attitude, n'ayons pas peur d'entrer en conflit avec ces petits qui grandissent bien vite.

f) Ceux qui ne s'opposent pas s'expriment autrement

« **Ma fille de 3 ans est très docile et très gentille, mais depuis quelque temps elle a des problèmes de constipation.** »

Alors que des enfants se montrent opposants, laissant facilement éclater leur colère, d'autres au contraire se montrent particulièrement dociles et calmes. Ils se plient facilement aux demandes des parents ; ils ne cherchent pas à s'imposer mais préfèrent être conciliants. Ce sont des enfants « rêvés » qui renvoient à leurs parents une image positive et satisfaisante.

Mais un jour il peut leur arriver d'être atteint par un mal d'oreille, de gorge, de peau ou de ventre qui peut être reconnu comme une *somatisation* : le corps est uni au psychisme et il peut exprimer une douleur affective qui n'a pas trouvé d'autres moyens d'expression. Le petit enfant qui n'a pas encore les mots pour dire sa souffrance intérieure ou qui ne se croit pas autorisé à l'exprimer produit des maux (otite, angine, éruption de boutons, constipation...) pour tenter de se faire comprendre de ses parents. Ces somatisations sont un des langages non verbaux particulièrement utilisés par les enfants (mais aussi par les adultes).

Comment se comporter devant ces manifestations somatiques ? Il est nécessaire de consulter un médecin pour traiter ces maux qui ont d'abord besoin d'être soignés. Et ce faisant on peut aussi prendre soin de l'enfant lui-même comme en témoigne Jeanne : « **Je me souviens qu'à la naissance de notre second fils, l'aîné a commencé un début d'anorexie. Puis très vite il a développé une maladie de peau reconnue par le dermatologue comme psychosomatique. En lui prodiguant les soins que cette maladie nécessitait, nous avons aussi pansé ses blessures affectives et il ne s'est pas installé dans l'anorexie.** »

Mais il est important que ces somatisations ne soient pas traitées uniquement comme des maladies, car on n'entendrait pas ce qu'à travers ces symptômes l'enfant a besoin de nous dire. Cependant il ne s'agit pas de chercher une explication, un déclencheur, en se demandant ce qui aurait pu être à l'origine de cette maladie. Car alors on se contenterait de cette explication et on risquerait de ne pas en chercher le sens. Plutôt que de se poser la question : « Pourquoi fait-il cela ? » demandons-nous plutôt : « Que cherche-t-il à nous dire ? » Serait-ce quelque chose que peut-être nous n'avons pas entendu ou que nous ne sommes pas prêts à entendre ?

Cette enfant atteinte de constipation, que retient-elle ? Qu'est-ce qu'elle ne peut pas extérioriser ? Serait-ce trop dangereux pour elle de s'opposer à ses parents ?

g) Dans la grande enfance se forme la conscience morale

« **Mon enfant de 8 ans ne cesse de mentir : quand il a fait une bêtise, il accuse toujours quelqu'un d'autre.** »

« Le manque de franchise, la dissimulation ou le mensonge sont fréquemment sources de conflit avec nos enfants », constatait une mère de famille. Dire la vérité est une valeur importante chez beaucoup de parents qui désirent pouvoir faire confiance à leurs enfants et qui se sentent donc trahis quand ils s'aperçoivent des « mensonges » de leur progéniture. Mais entre l'enfant de 4 ans qui raconte que son papa est parti en voyage (parce qu'il ne fait pas toujours la différence entre l'imaginaire et la réalité), celui de 7 ans qui décrit les cadeaux qu'il n'a pas reçus pour ne pas se sentir différent des copains, celui de 10 ans qui cache son carnet de notes à ses parents par peur de se faire punir, et enfin l'adolescent qui utilise le mensonge pour mettre à distance ses parents, il y a de grandes différences : selon les étapes de croissance, l'enfant n'a pas le même rapport à la réalité et donc à la vérité.

À partir de l'âge de raison, il est nécessaire de former la conscience morale de l'enfant. Les parents le font naturellement en vivant eux-mêmes les valeurs morales telles que la franchise et l'honnêteté, en famille et dans les relations extérieures. Ils incitent leurs enfants à dire la vérité, même si cela coûte, en valorisant celui qui ose avouer une bêtise ou une faute, sans le réprimander.

Si, malgré cet environnement, l'enfant de 8 ans multiplie les mensonges, il sera bon de rechercher les raisons qui provoquent chez lui cette difficulté à dire la vérité : peur de la sévérité des parents, jalousie envers un frère ou une sœur, manque de confiance en lui, besoin d'être valorisé ou reconnu comme l'enfant sage… Puis les parents reprendront l'enfant, en douceur, lorsqu'il ment. Ils lui manifesteront qu'ils ne sont pas dupes de ce qu'il dit et l'inciteront à avouer ce qu'il a fait, lui assurant qu'il en éprouvera un réel soulagement. Dramatiser, se montrer très sévère ou le traiter de menteur ne ferait qu'augmenter la crainte chez l'enfant qui risquerait alors de persister dans la dissimulation.

h) À l'adolescence, les profonds remaniements physiologiques et psychiques entraînent des comportements souvent conflictuels

« Notre fils de 14 ans est particulièrement désagréable avec moi. Il me répond, devient insolent. Je ne peux pas commencer une discussion avec lui sans que cela ne dégénère en agressivité. Je n'en peux plus », se plaint Louise.

Il arrive fréquemment que la communication avec un adolescent devienne difficile. En cette période de crise, les états intérieurs du jeune peuvent se modifier très rapidement, et leur intensité est telle qu'il n'en a pas aisément la maîtrise. Il lui faudra du temps pour apprendre à les gérer.

Ces situations mettent mal à l'aise les parents qui ont tendance à se laisser contaminer par les émotions de l'adolescent. Or le jeune a besoin de s'appuyer sur des adultes qui ne se laissent pas troubler par ses attitudes agressives et qui sont capables de poser tranquillement et fermement des limites « contenantes » (au sens de contenir) face à son débordement. « **Je t'interdis de me parler sur ce ton-là. Je discuterai avec toi**

lorsque tu auras retrouvé ton calme », pourrait dire Louise à son fils.

La mère de famille débordée par son adolescent qui se montre violent verbalement peut avoir besoin de recourir au soutien de son mari. Celui-ci peut intervenir quand il entend le jeune manquer de respect à sa mère.

Peut-être, sans s'en rendre compte, Louise a-t-elle une manière d'entrer en contact avec son fils qui agace ce dernier. Le questionnement, la formulation des exigences, le ton de la voix... peuvent être ressentis comme infantilisant par son fils qui n'est plus un enfant. L'un des enjeux de l'adolescence est de faire évoluer les relations aux parents en tâtonnant pour trouver une nouvelle distance. On observe d'ailleurs que, très souvent, l'enfant qui nous était le plus attaché manifeste le plus de violence à l'adolescence ; comme s'il était plus difficile pour lui de « distendre » le lien qui l'attache à nous.

Quelles que soient les raisons de l'agressivité, il est important que Louise ne se laisse pas dominer par son adolescent. Celui-ci a besoin d'être cadré pour apprendre à gérer ses états intérieurs et ne pas en devenir esclave. S'il s'apercevait que ses coups de boutoir effondrent sa mère, il en serait malheureux et ça l'empêcherait de prendre du large.

Aude (15 ans) a pris l'habitude de rentrer de soirée avec un retard de plus d'une heure sur l'horaire prévu. Lorsqu'on lui pose des questions, elle hausse les épaules et tourne les talons.

En transgressant les lois ou les règles, l'adolescente teste les limites. Elle cherche à voir jusqu'où elle peut aller et quels sont les repères stables à partir desquels elle peut se construire. Aude ne manque pas de limites : elle a un horaire prévu pour le retour, mais elle fait comme s'il n'y en avait pas. Ses parents tentent bien de la faire s'exprimer sur son retard, mais elle répond par un langage strictement non verbal. Aude se défend en adoptant une attitude méprisante.

Laisser une adolescente prendre l'habitude de transgresser une règle ne l'aide pas à grandir. Les parents d'Aude auraient tout intérêt à reprendre cette question à un moment plus propice dans le but d'aider leur fille à se responsabiliser plutôt que de la laisser fuir comme elle le fait. « **Nous ne sommes pas d'accord pour que tu ne respectes pas l'horaire prévu. Nous en discuterons avec toi à tel moment. C'est important que nous arrivions à un accord avec toi.** » L'horaire prévu a-t-il été discuté ? Aude a-t-elle la possibilité de le contester. Permettre à l'adolescent de contester une règle, c'est l'aider à mentaliser, à argumenter voire à négocier. C'est lui éviter de transgresser réellement les règles.

Quelle sanction existe-t-il pour Aude lorsqu'elle rentre très en retard ? Le rôle de la sanction est de donner corps à la règle, et aussi de reconnaître la faute comme telle, donc de libérer d'une culpabilité diffuse. En suscitant un dialogue avec Aude autour de toutes ces questions, ses parents l'aideront à se structurer et à se responsabiliser.

LE COMBLE POUR DES PARENTS COMMUNICANTS

Bien que des parents se soient particulièrement appliqués à développer une communication de qualité dans leur famille, ils courent toujours le risque d'être confrontés, un jour ou l'autre, à un véritable conflit.

« À partir d'aujourd'hui je ne vous adresse plus la parole », déclare Blandine (16 ans) à ses parents.

« Que se passe-t-il ? Nous t'avons heurtée, blessée ? Dis-nous ce qui ne va pas.

– Ne me demandez pas d'explication, je ne vous en donnerai pas. C'est comme ça ! Maintenant ça suffit. »

Et, de fait, Blandine s'installe dans un véritable mutisme à l'égard de ses parents.

Les premières 24 heures, ils en ont été plutôt amusés : il faut bien qu'elle fasse sa crise d'adolescence ! Ayant appris l'importance de « gérer leur plexus [6] », ils se sont contrôlés pour ne pas réagir en se moquant d'elle ou en exigeant à tout prix des explications. Ils ont continué à s'adresser à elle dans la vie quotidienne comme si elle allait leur répondre. Mais elle campait sur ses positions, ne laissant échapper aucune parole. Cependant ils étaient rassurés de constater qu'elle limitait son attitude aux relations intrafamiliales : cela ne l'empêchait nullement de continuer à papoter avec ses amis à l'extérieur.

Au bout d'une semaine les parents ont trouvé la situation de moins en moins amusante et de plus en plus éprouvante. C'est difficilement supportable de vivre sous le même toit avec quelqu'un qui refuse toute communication verbale et qui met, d'une certaine manière, ses parents en échec dans le domaine précisément de leurs points forts : la communication. Que faire ? Comment intervenir ? Plus les jours passaient, plus ils ressentaient combien leur fille s'était embarquée dans cette épreuve de force comme dans une sorte de piège qui pouvait se retourner contre elle. Comment pouvait-elle s'en sortir ? Quelle en serait l'issue ? Ils étaient préoccupés de trouver une résolution qui n'écrase pas leur fille mais la respecte en tant que personne.

6. Conseil du P. Denis Sonet aux parents d'adolescents : gardez votre sang-froid !

C'est ainsi qu'ils ont eu l'idée de lui proposer la chose suivante : « Dans une semaine tu pars en vacances chez ton amie Aude. Nous te demandons de réfléchir quand tu seras là-bas à la proposition suivante : pour nous c'est intolérable de vivre avec toi sans pouvoir communiquer. Nous ne pouvons pas envisager que la situation dure plus longtemps. Nous te demandons donc de choisir entre deux possibilités : soit tu décides de persister dans ton mutisme et alors nous te trouverons une chambre à l'extérieur, soit tu décides de communiquer à nouveau avec nous et tu peux reprendre ta place au milieu de nous. Tu nous donneras ta réponse quand tu rentreras. »

Lorsque leur fille est revenue de sa semaine de vacances, elle est arrivée chez ses parents en leur disant : « J'ai décidé de reprendre la communication avec vous. »

III. LES INCESSANTS AJUSTEMENTS DU RAPPORT AU MONDE EXTÉRIEUR

Les sujets qui fâchent entre enfants et parents proviennent pour beaucoup de sollicitations extérieures à la famille. Cela commence très tôt avec l'utilisation des médias (la télévision puis la radio et Internet). Les fréquentations de nos enfants tiennent une place importante (camarades ou amis, puis copains et petit[e]s ami[e]s). Mais il y a aussi l'argent de poche, la publicité, la mode et les marques, la consommation de tabac, d'alcool ou de drogue, la circulation routière… sans oublier, dans cette interaction société-famille, celle qui occupe certainement une place prépondérante : la scolarité. Elle est, à elle seule, une source de conflits fréquents entre enfants et parents, tandis que les mouvements de jeunes, les activités sportives ou artistiques apportent généralement de l'air et de la détente. Les questions religieuses peuvent aussi être source de tension dans les familles qui accordent de l'importance à la pratique religieuse.

1. Quel style de famille ?

Comment gérons-nous ces interactions inévitables entre notre famille et le monde dans lequel nous vivons ? Quel rôle jouons-nous en tant que parents ? Celui-ci a-t-il évolué au fil des années ?

Pour éclairer cette réflexion, nous pouvons identifier deux grandes tendances concernant le degré d'ouverture ou de fermeture de la famille vis-à-vis du monde extérieur.

– *La famille spontanément ouverte* : très branchée sur toutes les nouveautés, avide d'expériences, accueillante et tolérante à tous les points de vue, faisant facilement confiance. Dans cette famille, on ne s'ennuie pas. Les relations y sont nombreuses, vivantes et enrichissantes.

Par contre l'intimité familiale n'existe pratiquement pas : on y partage peu de rituels communs tels que des repas à heure fixe tous ensemble. La maison ressemble plutôt à une auberge espagnole : chacun y expérimente ce qu'il veut avec qui il veut.

– *La famille naturellement repliée sur elle-même* : méfiante à l'égard de ce qui est en dehors d'elle, de ce qui est différent d'elle, ayant élaboré des défenses pour se protéger des influences extérieures jugées menaçantes. Dans cette famille, on se sent très rassuré grâce à des règles qui ne laissent pas pénétrer ce qui risquerait d'être dangereux pour ses membres.

Par contre on y vit en vase clos sans références extérieures pour réguler d'éventuels excès de la part de l'un ou l'autre de ses membres. Il y a un fort risque d'étouffement.

À cette première distinction, on peut en ajouter une seconde : l'existence ou non de repères forts, vécus et transmis par les parents :

– *La famille sans colonne vertébrale forte*. Les parents n'imposent pas de normes à leurs enfants. Souvent ils doutent de leurs capacités parentales. Ils ont de la difficulté à assumer une position d'adultes suffisamment cadrante. Dans cette famille, les parents ne pèsent pas sur leurs enfants. Ils les laissent libres de se forger eux-mêmes leurs repères.

Par contre, en croyant que l'enfant s'éduque tout seul, les parents risquent d'en faire un « tyran ». Et, surtout, en le laissant se confronter seul à ses angoisses, ils le pousseront à chercher, à l'adolescence, des limites dans des conduites à risque, voire à évoluer vers la délinquance.

– *La famille à colonne vertébrale forte*. Les parents ont des principes qu'ils mettent en œuvre à travers des pratiques auxquelles ils tiennent dans les domaines de la politesse, de l'habillement, des rituels familiaux. Dans cette famille, on a un sentiment d'appartenance fort qui aide à se situer face au monde extérieur, ainsi qu'une sécurité interne de base qui permet de se sentir autonome en face de qui que ce soit.

Le risque est de falsifier certaines réalités familiales en contradiction avec les principes affichés et d'imposer aux membres de la famille des secrets lourds à porter. La confrontation à certaines réalités du monde peut s'avérer problématique.

Selon la tendance de notre famille, l'interaction intérieur-extérieur suscite plus ou moins de conflits : quasiment aucun chez les uns, beaucoup chez les autres. Qu'en disent les adolescents ? Particulièrement sensibles à cette question puisqu'il s'agit pour eux de se distancier des parents et d'explorer le monde. Ils n'hésitent pas à exprimer leurs besoins.

Laure surprend sa fille de 14 ans au téléphone avec une de ses amies : « C'est sûr, elle m'embête, ma mère, avec tous ses conseils. Mais je suis bien obligée de reconnaître qu'elle a raison. » Laure se rassure en entendant un tel aveu de la part de sa fille, mais elle ne peut lui demander de le lui dire en face. C'est beaucoup trop tôt.

Par contre Mélanie qui a maintenant 22 ans ne se cache pas pour dire : « Quand j'étais ado, je provoquais mes parents sur tous les sujets sensibles qui leur tenaient à cœur, mais à l'extérieur de la maison, je défendais les mêmes points de vue qu'eux avec fureur ! »

Comme le reconnaît Arnaud (17 ans) : « En fait, ça nous rassure quand les parents nous empêchent de faire n'importe quoi. S'ils ne le faisaient pas, on aurait l'impression de ne pas compter pour eux. »

Alors, même s'il faut aller au conflit, l'enjeu en vaut certainement la chandelle. Nos enfants ont besoin que nous n'hésitions pas à jouer notre rôle de parents dans l'apprentissage qu'ils ont à vivre concernant les relations au monde extérieur.

De notre manière de nous situer par rapport à ce monde dépend, en partie, la socialisation de nos enfants.

Lucie avait 20 ans quand elle a cherché à se faire aider parce qu'elle ne réussissait pas à entrer en relation avec des jeunes de son âge. Elle était alors en faculté et se sentait très seule. C'est pourquoi elle retournait le plus souvent possible dans sa famille où elle se sentait heureuse : elle avait plusieurs frères et sœurs et de nombreux cousins et cousines. La famille élargie se retrouvait fréquemment chez les grands-parents. Par contre, Lucie se sentait très inhibée dès qu'elle était en contact avec d'autres jeunes : « Ils sont très différents de moi. On n'a pas les mêmes centres d'intérêt. Je ne sais pas ce que je peux leur dire. Je les trouve superficiels. »

Au cours du travail thérapeutique, lui sont revenues en mémoire les critiques que ses parents exprimaient à propos de personnes extérieures à la famille : des professeurs, des responsables de mouvements de jeunes, des prêtres, ou d'autres parents qui étaient trop comme ceci ou pas assez comme cela… Soudain, Lucie a réalisé qu'elle avait intégré ces critiques comme des mises en garde contre tout ce qui venait de l'extérieur de la famille. Elle s'était forgé la croyance que tous ceux qui vivaient différemment de sa famille étaient menaçants pour elle. En faisant un travail de distanciation par rapport à ces critiques intériorisées, Lucie a réussi à lever son inhibition et à développer des relations satisfaisantes avec des jeunes de son âge.

2. Fermeté dans les principes, souplesse dans les méthodes

Un groupe de parents s'est interrogé sur les principes éducatifs qu'ils reconnaissaient avoir, et plus particulièrement sur ceux qui, depuis la naissance de leur premier enfant, avaient changé au cours des années. C'est ainsi qu'ils ont constaté que les prétendus principes auxquels ils étaient très attachés au point de départ avaient sérieusement évolué.

« On obéit sans discuter » est devenu : « On discute et on obéit. »

« Il n'est pas question de donner une tétine à un enfant » est devenu : « Je donne une tétine au petit dernier, c'est bien pratique. »

« On ne quitte pas la maison sans se dire au revoir le matin » est devenu : « J'accepte que l'enfant parte en claquant la porte. »

« On va tous à la messe en famille le dimanche » est devenu : « Les adolescents n'en ont plus l'obligation, ils choisissent. »

Ces parents auraient-ils abandonné leurs principes ? Que vaudraient des principes devenus caducs ou instables ? En fait ces parents ont réalisé que ce qu'ils prenaient pour des principes n'étaient que des manières de faire, des moyens éducatifs. Il leur fallait creuser un peu plus pour dégager les véritables principes qui fondent l'éducation qu'ils donnent à leurs enfants. Ceci leur a permis de ne plus s'étonner d'avoir ajusté leurs méthodes en fonction des besoins de leurs enfants grandissants sans avoir abandonné pour autant leurs vrais principes, à savoir les valeurs telles que le respect de la vie, le respect de soi et des autres, la recherche du bien, de la vérité… Par contre, ils ont dû se formuler clairement leurs véritables principes éducatifs en termes de valeur et de finalité.

Faire cette distinction entre principes et méthodes permet de ne pas agir en « tout ou rien » dans l'éducation des enfants qui grandissent et, ainsi, d'éviter des conflits stériles qui bloquent la relation entre parents et enfants.

Peut-on donner de l'argent de poche à nos enfants ?

Est-il préférable de ne pas avoir de télévision la maison ?

Peut-on laisser les jeunes faire leurs expériences dans le domaine des relations sexuelles et affectives ?

Dois-je imposer à ma fille de 13 ans d'aller à la messe le dimanche ?

Toutes ces questions que les parents se posent trouveront des réponses en réfléchissant pour chaque thème aux valeurs qu'ils veulent transmettre et aux finalités qu'ils poursuivent à travers l'éducation. Ce n'est qu'ensuite qu'ils se demanderont quels moyens ils peuvent mettre en œuvre, en sachant qu'il y a une variété de moyens entre le *tout* et le *rien*. Cette variété de moyens est justement faite pour s'adapter à la croissance des enfants et à leurs différences de tempérament. Ce serait une erreur de ne retenir pour une famille qu'une seule manière de faire quels que soient les enfants et quels que soient les âges.

Prenons l'exemple de l'*argent de poche*.

Les conditions de vie de notre société de consommation ont tellement évolué que les parents ne peuvent plus, aujourd'hui, se contenter de reproduire des habitudes familiales. Voilà un domaine qui est devenu complexe et où les enfants, puis les jeunes ont besoin d'être accompagnés pour devenir des consommateurs avertis et responsables.

« Ma copine a une plus jolie trousse que moi. Dis, maman, tu pourrais m'en acheter une autre ? »

« Tous mes copains ont un portable ! Ça devient insupportable pour moi. Vous voulez que je vive comme un exclu ? »

« Tu pourrais me donner 40 € pour dimanche ? On va tous à Dysneyland. »

« Dis, mon petit papa chéri, tu n'aurais pas 60 € pour que j'aille m'acheter une robe un peu sympa pour ma soirée ? »

De l'argent, toujours de l'argent, pour être comme les autres, pour être avec les autres. Comme si l'argent était la clé pour de bonnes relations ! Ces demandes quasi quotidiennes nous mettent sous pression et nous empêchent de nous interroger.

Quelles valeurs importantes voulons-nous transmettre à nos enfants dans ce domaine ? Quel rôle attribuons-nous à la consommation ? Que représente-t-elle pour nos enfants ? Qu'est-ce que nos enfants perçoivent de nos choix budgétaires ? Comment apprennent-ils à consommer et à gérer un budget ?

Un enfant de 9 ans rentre en pleurs chez lui parce qu'il a dépensé, en une après-midi, à la fête foraine, tout son argent de poche pour la quinzaine. Heureusement qu'il peut confier à sa maman son effarement d'avoir si vite dépensé son (petit) pécule et envisager une manière de faire pour que cela ne se reproduise pas.

Il est préférable de tirer profit de ce genre d'expérience au moment où les sommes en jeu sont encore modestes. C'est, en effet, plus grave lorsqu'un jeune étudiant dépense son budget d'un mois en quelques jours parce que, chez ses parents, il lui suffisait de demander ce dont il avait besoin.

On observe que des adolescents à qui on a progressivement confié un budget incluant, entre autres, leurs dépenses vestimentaires apprennent à relativiser la tyrannie des marques. Ils finissent par acheter ce qui leur convient vraiment, ils diffèrent leurs achats et font les soldes… et, surtout, il leur arrive de faire des cadeaux !

La confrontation avec la réalité de l'argent de poche, c'est-à-dire un montant fixe évalué en fonction de dépenses précises que le jeune assumera, peut être un moyen éducatif efficace, à condition, toutefois, que les parents ne cèdent pas à la pression de combler d'éventuels trous et que ce ne soit pas un sujet tabou dont on ne peut pas parler en famille.

DES BALLERINES À LA MODE

Notre fille Manon, douze ans et demi, revient à la maison après une sortie shopping avec sa copine Lucie. Avec fierté elle me montre les chaussures qu'elle venait d'acheter : une paire de ballerines couleur or avec des paillettes. En les découvrant je ne peux m'empêcher d'exprimer ma surprise :

« Ouah ! Très franchement elles ne me plaisent pas vraiment. Pourquoi les as-tu achetées ?

– Moi je les aime bien. Je les trouve très jolies.

– Mais tu ne peux pas les mettre pour aller à l'école.

– Bien sûr que si. Tout le monde a ça maintenant. Et puis Lucie s'en est acheté elle aussi. On a décidé de les mettre toutes les deux lundi prochain.

– Personnellement, je ne suis pas d'accord pour que tu les mettes. Je suis certaine que ce ne sera pas non plus du goût de ton père. »

Effectivement lorsque mon mari rentre de son travail et qu'il voit les ballerines que Manon lui présente, il lui demande :

« Tu dois te déguiser pour un spectacle à l'école ?

– Non, je les ai achetées parce que je les aime et puis parce que c'est à la mode.

– Je ne les trouve pas très discrètes, ces chaussures. Je suis étonné que tu les trouves jolies. »

Je propose à Manon de les chausser pour voir comment elles lui vont. La réaction de son père ne se fait pas attendre :

« Elles ne te vont pas, ces ballerines ! Elles sont trop voyantes. C'est un style qui ne correspond pas à ce que tu es. »

Manon va se regarder dans la glace :

« Mais je vous dis que moi je les aime. On n'a pas les mêmes goûts. C'est dommage. Mais c'est moi qui les porte, ce n'est pas vous.

– Bien sûr, mais on n'est pas d'accord que l'école soit un défilé de mode surtout quand ce que tu prends pour "de la mode" ne correspond pas à la personne qui le porte. »

Mon mari suggère que je retourne avec Manon au magasin pour essayer de chercher quelque chose qui lui corresponde mieux. Manon est d'accord pour que nous allions tout de suite faire l'échange.

Au retour, Manon téléphone à Lucie pour lui expliquer ce qui s'est passé. De son côté Lucie avait décidé de ne pas mettre les ballerines lundi parce que « finalement elle ne les trouve pas très jolies ».

Sophie

4. Une initiation progressive aux réalités du monde

Préparer ses enfants à devenir des adultes responsables, capables de vivre dans le monde de demain, est une œuvre de longue haleine. Les conflits qui jalonnent immanquablement ce parcours peuvent être de véritables opportunités pour l'apprentissage de l'autonomie. Il serait regrettable de chercher à les éviter à tout prix.

Lorsque, par exemple, des parents se posent la question d'avoir ou non la télévision ou un ordinateur à la maison, parce que ces écrans sont source de conflits quasi quotidiens, il est tentant de répondre par la négative. Mais alors, comment les enfants apprendront-ils à se responsabiliser dans l'utilisation de ces écrans ? À l'opposé, des parents choisissent d'éviter les conflits en mettant une télévision dans chaque chambre. La tranquillité des parents est assurée, mais l'éducation des enfants est en péril. Laisser de tels outils de communication aux mains des enfants sans discernement et sans apprentissage revient à démissionner de son rôle d'éducateur et à mettre les enfants en danger.

Que représentent pour nous la télévision, l'ordinateur, Internet ? Comment utiliser, de manière éducative, ces moyens de communication ? Comment apprendre à nos enfants à en faire un usage responsable ?

Extraordinaires moyens de communication, ils déversent au sein même de notre maison le meilleur et le pire. « Surtout le pire », disent les parents qui, à juste titre, dénoncent l'impact des images violentes et pornographiques, les pressions commerciales de la publicité omniprésente, l'exhibitionnisme narcissique de la télé réalité, les manipulations idéologiques contre les valeurs morales, le prêt à penser réducteur... Le pire donc qui entraîne toutes sortes de conséquences désastreuses chez des enfants et des jeunes encore fragiles et influençables.

« Mais il y a aussi le meilleur », ajoutent les parents qui reconnaissent l'extraordinaire ouverture sur le monde que nous procurent ces moyens de communication. Ils nous permettent d'être en relation d'un hémisphère à l'autre instantanément. Ils peuvent être l'occasion entre parents et enfants non seulement de détente, mais aussi de partage de connaissances, de réflexion et même de créativité.

Télévision et ordinateur ne sont que des outils. Il revient aux parents de décider ce qu'ils veulent en faire pour ensuite accompagner leurs enfants, étape après étape, sur un chemin de responsabilité.

Trois grands types d'attitudes sont à développer par les parents qui veulent éviter le « tout ou rien » dans l'éducation de leurs enfants et qui préfèrent déployer une pédagogie par étapes. Trois attitudes à mettre en œuvre en fonction de la croissance des enfants et des sollicitations du monde extérieur : protection, médiation et confiance.

a) La protection

Il s'agit dans un premier temps de protéger leur progéniture contre les risques provenant de l'extérieur du cocon familial. L'enfant est encore trop petit et trop fragile pour être confronté à une réalité extérieure qui serait pour lui inassimilable ou franchement terrifiante. C'est pourquoi le parent, ou la personne qui le remplace, choisit pour l'enfant ses jouets, ses livres, le moment pour écouter tel CD ou regarder tel DVD. On fera attention de ne pas regarder avec un petit enfant une émission de télévision devant laquelle il risquerait d'être choqué. De même qu'il est nécessaire de choisir les endroits où l'enfant peut s'ébattre en toute sécurité en dehors de la maison.

Cette protection que le parent ou l'éducateur assure auprès du petit enfant a pour but de le sécuriser dans ses apprentissages et ses découvertes, et d'établir un climat de confiance entre adulte et enfant.

Cette attitude protectrice n'est pas incompatible avec le fait de solliciter la participation et la collaboration de l'enfant. On sait combien le petit a envie de « faire tout seul[7] ». Mais pour cela, il a besoin d'un cadre sécurisant et de confiance.

Les choix relatifs au cadre de vie qui assurent la protection de l'enfant ont à être exercés par le parent et non pas par l'enfant. Ce n'est pas parce que le petit dès 18 mois cherche à s'affirmer qu'il est en mesure de faire de tels choix. Laisser un petit enfant allumer la télévision quand il veut, le consulter sur un choix d'activités, ou d'heure de coucher peut être très angoissant pour lui. « Que fait mon parent ? » serait-il en droit de penser.

Au cours de sa croissance l'enfant aura peut-être à nouveau besoin de protection : avant d'affronter une nouvelle expérience, avant d'oser prendre de nouveaux risques. Sans s'inquiéter d'une demande qui peut paraître régressive, les parents sauront rassurer, redonner confiance et permettre à l'enfant ou au jeune de s'élancer vers une nouvelle étape.

b) La médiation

Dans un second temps il est nécessaire d'initier les enfants aux différentes réalités du monde. Parents et éducateurs jouent alors un rôle de médiateur.

---

7. Maria Montessori a mis en valeur la demande du petit enfant : « Maman, apprends-moi à faire tout seul. »

À partir de l'âge de raison, les enfants se sentent « des grands », ils ont envie d'expérimenter de nouvelles activités, d'explorer de nouveaux domaines, de rencontrer de nouvelles personnes, mais... *ne les laissons pas seuls.* Ils ont besoin de la présence des adultes pour les guider dans leurs choix, répondre à leurs questions, les aider à réfléchir, ou les encourager à agir.

La découverte du monde extérieur réserve parfois des surprises, peut poser des problèmes, attire ou fait peur, comporte des risques. C'est pourquoi les parents sauront poser des cadres précis (horaires, lieux, règles) à l'intérieur desquels les enfants partageront, avec d'autres, leurs jeux, leurs talents, leur créativité.

L'enjeu de cette période d'initiation est de se familiariser avec les réalités du monde de façon sécurisée et de forger son esprit critique en fonction des valeurs transmises dans la famille.

c) La confiance

Avec l'adolescence se pose, de façon cruciale, l'attrait du monde extérieur ; non plus pour simplement le découvrir mais pour y vivre des relations différenciées de celles de la famille, pour expérimenter son autonomie naissante, pour y acquérir les connaissances et les compétences nécessaires à l'acquisition d'un métier. Tout cela dans le but de pouvoir quitter sa famille et vivre sa vie dans le monde en adulte responsable.

Le jeune a plus que jamais besoin d'expérimenter la confiance de ses parents. Confiance que les adultes accorderont au jeune :

– pour une chose précise, qui pourra être étendue progressivement ;

– en fonction des possibilités du jeune.

« Je te fais confiance pour ceci précisément, parce que tu as montré que tu étais capable de... »

Accorder sa confiance suppose d'exercer un contrôle qui permet : soit d'étendre la confiance, dans le cas où tout s'est bien passé, soit de réviser le contrat à la baisse s'il y a eu trahison de la confiance. Le souci du parent sera de la faire grandir, dès que cela est possible.

Geneviève raconte son intervention à l'occasion d'une soirée organisée par sa fille Claire (15 ans) pour son anniversaire :

« Claire avait organisé une fête à la maison et elle envisageait que quelques garçons et filles restent dormir sur place parce qu'ils habitaient trop loin pour repartir à la fin de la soirée. Sachant qui cela concernerait, nous avons décidé ensemble de mettre les garçons dans une grande salle au rez-de-chaussée tandis que les filles coucheraient dans les chambres à l'étage.

Le lendemain de la fête, passant au petit matin dans le couloir du premier étage, je vois que les portes des chambres sont ouvertes et qu'il n'y a personne dans les lits. Je descends aussitôt dans la salle du rez-de-chaussée pour constater que garçons et filles sont tous alignés par terre dans leur duvet. J'appelle Claire et lui demande de me rejoindre.

"Que s'est-il passé ? Vous êtes tous en bas, alors qu'on avait décidé ensemble que les filles coucheraient à l'étage.

– Mais on ne fait rien de mal... C'était plus amusant de rester tous ensemble.

– Je comprends que vous n'aviez pas envie de vous séparer. Ce que je constate c'est que vous n'avez pas fait ce qu'on avait convenu.

– Oui, mais ce sont les garçons qui nous ont dit de descendre avec eux.

– Parce que les garçons vous l'ont demandé, vous l'avez fait ?

– Ben oui.

– Quand je te vois te laisser influencer comme cela, je crains de ne pas pouvoir te faire confiance une prochaine fois."

Claire retourne vers ses amis, manifestement pas très contente.

Après le petit déjeuner, trois de ses amies viennent me dire au revoir : "Madame, vous avez eu raison d'intervenir. Nos parents auraient réagi pareil. On vous remercie de l'avoir fait." »

5. À propos de religion

Christine se souvient des étapes par lesquelles sa fille Maud est passée en matière de pratique religieuse. Les parents ne pouvant pas connaître les états intérieurs de leurs enfants, à moins que ceux-ci ne leur en fassent part, ils ne peuvent qu'observer la pratique ou l'absence de pratique, en se gardant bien d'en tirer des conclusions trop rapides.

« **Maud participait volontiers à la prière familiale et allait à la messe le dimanche en famille sans aucune difficulté jusqu'à l'âge de 13 ans. Ensuite, elle a commencé à discuter le fait d'être obligée d'aller à la messe chaque dimanche. Elle nous demandait d'argumenter face à ses objections, mais elle continuait d'y aller. Je me contentais de lui témoigner de ma foi en l'Eucharistie.**

L'année suivante, elle s'est autorisée à ne plus y aller régulièrement et nous l'avons laissée libre. Je me souviens par contre d'un dimanche où nous avions fait le projet d'aller nous promener en famille et de participer à une messe dans une église située sur notre trajet. Maud s'est alors mise en colère en nous reprochant de l'obliger ainsi à y assister. Il s'en est suivi une discussion sur différents aspects de la foi.

Mais, lorsque j'ai entendu l'homélie du prêtre à cette messe où Maud était là contre son gré, j'ai été stupéfaite. Il reprenait plusieurs points dont nous venions de discuter. En sortant, Maud me dit, très détachée : "Intéressant le discours du prêtre. – Effectivement", lui ai-je répondu sans insister.

À la fin de son année de première, elle participe au rassemblement des JMJ avec un groupe de jeunes auquel elle appartenait. Elle en revient enchantée. Elle y avait vécu des choses fortes, disait-elle. Nous la voyons reprendre une pratique plus régulière de la messe le dimanche.

Quelques mois plus tard, au cours d'un dîner, elle nous raconte qu'en cours de philo sur le thème de la religion, le professeur avait demandé aux élèves : "Qui a une pratique religieuse ?" Elles ont été deux à lever le doigt, tandis que les autres s'insurgeaient contre le fait qu'on leur demandait de participer deux fois dans l'année à une célébration religieuse. Puis Maud ajoute qu'elle était très heureuse de pratiquer et de savoir pourquoi elle le faisait. Elle plaignait ses camarades de ne savoir que râler contre les propositions qui leur étaient faites. Puis elle ajoute, s'adressant à mon mari et à moi :

“Votre manière de vivre votre foi me donne envie de vivre la mienne.” »

Les conflits qui surgissent sur le terrain de la pratique religieuse mettent souvent les parents en grande difficulté. Généralement c'est un sujet particulièrement sensible parce que les parents croyants ont le désir de transmettre leur foi à leurs enfants, mais ils se sentent démunis face au refus de pratiquer exprimé par leur progéniture. Il n'est pas toujours facile pour eux d'entendre ce que le jeune veut dire en refusant de participer à un office religieux comme il avait jusqu'alors l'habitude de le faire.

Or, pour développer une foi qui lui soit personnelle, le jeune a besoin de prendre de la distance par rapport à la foi telle qu'elle lui a été transmise par ses parents. Au moment de l'adolescence, il s'affranchit des habitudes de son enfance pour éprouver comment d'autres, à l'extérieur de la famille, vivent ou ne vivent pas ces réalités religieuses. C'est ainsi qu'on voit des jeunes, éduqués dans une religion, refuser de la pratiquer et, par contre, des jeunes n'ayant rien reçu dans leur enfance, être attirés par une pratique religieuse grâce à leur appartenance à un groupe.

Les enjeux de cette mise à distance consistent à faire évoluer les représentations infantiles du monde et de Dieu. De quoi le jeune a-t-il besoin à cette étape de son évolution ? De trouver des lieux extérieurs à la famille pour partager ses doutes, expérimenter d'autres façons de célébrer ou de pratiquer, rencontrer des témoins dynamiques, mettre en œuvre avec d'autres jeunes des réalisations concrètes.

Cependant les parents peuvent continuer de jouer un rôle important en accueillant et en écoutant les questionnements, en donnant des informations et des arguments qui permettent de nourrir la réflexion, en témoignant par leur manière de vivre et en interpellant la liberté du jeune.

C'est ainsi qu'Élisabeth se rappelle un échange avec son fils Grégoire (15 ans) :

« "Maman, les cathares sont des gens géniaux !" Étonnée par cette affirmation surprenante, je réussis juste à reformuler :

"Tu trouves les cathares géniaux ?

– Oui, me répond-il, parce que…"

Et le voilà qui se lance dans un discours très documenté à propos des cathares. Je l'écoute jusqu'au bout et quand il a fini, je lui dis, quelque peu admirative : "Ouah ! Je comprends que tu les trouves géniaux." Et puis, l'air le plus détaché possible, je lui propose :

"Est-ce que cela t'intéresse de savoir ce que l'Église catholique dit à propos des différents points dont tu m'as parlé concernant les cathares ?

– Bien sûr », me répond-il.

Je reprends donc point par point ce qu'il venait de me dire en lui expliquant la vision de l'Église catholique sur chacun de ces thèmes. À la fin de mon information, il me rétorque :

"Tu ne m'avais jamais dit cela.

– Je ne t'avais jamais dit ces choses comme cela ; mais je pense pourtant t'en avoir parlé en catéchèse."

Notre échange en est resté là. Et je n'ai jamais plus entendu parler des cathares ! »

Élisabeth se souvient qu'elle a consciemment choisi de donner de l'information sans exiger de

son fils qu'il adhère tout de suite à ce qu'elle lui disait, le laissant à sa propre réflexion.

Lorsque l'adolescent n'a pas rencontré des adultes qui acceptent de se confronter à lui sur ces questions, il se contente souvent de rejeter des représentations infantiles sans pouvoir découvrir d'autres façons de penser et de vivre sa foi, du moins pour l'instant. Car la vie est capable de lui réserver bien des surprises sur ce terrain.

Donner la possibilité aux adolescents d'évoluer dans ce domaine religieux leur permet d'élaborer des réponses concernant les grandes questions existentielles qu'ils se posent sur la vie et la mort, le mal et la souffrance... de trouver du sens à leur existence pour orienter leur vie et faire des choix et, enfin, pour trouver la force de traverser les épreuves qui ne manqueront pas de se présenter.

CHAPITRE IV

(Mieux) vivre les conflits !

I. DISTINGUER CONFLIT ET PROBLÈME

Trop souvent nous confondons conflit et problème, considérant comme un conflit à assumer ce qui n'est qu'un problème à résoudre. Savoir faire la distinction entre les deux permet d'appliquer une méthode adaptée à chaque situation.

1. Problème ou conflit ?

Nous pouvons prendre la définition des spécialistes de la « qualité » : un problème est un *écart* entre la situation constatée et la situation attendue. Cet écart est objectif, factuel, visible par tous. Tandis qu'un conflit est une *opposition* entre au moins deux personnes suscitant une tension intérieure chez tout ou partie d'entre elles.

Charles (8 ans) a oublié son livre de français à l'école. Il ne peut donc pas faire les deux exercices de grammaire demandés pour le lendemain.

Jean veut à tout prix regarder les informations à la télévision ce soir. Mais ses deux enfants

s'amusent bruyamment à un jeu de société dans le salon.

Joëlle découvre le désordre qui règne dans la chambre de Lucie au moment où elle s'apprête à y passer l'aspirateur.

Chacune de ces situations est-elle un problème ou un conflit ? La réponse va sans doute être différente selon :

– *le contexte* : est-ce la première fois que Charles oublie un livre à l'école ou que Lucie ne range pas sa chambre comme le lui avait demandé sa mère ?

– *l'état du parent* : Jean est-il épuisé par sa journée de travail ? De combien de temps Joëlle dispose-t-elle ?

– *le comportement de l'enfant* : Charles a-t-il prévenu sa maman suffisamment tôt de son oubli ?

Or il est souhaitable de ne pas créer de conflit là où il n'y en a pas.

Si face à l'oubli de Charles, sa maman se met en colère contre lui : « Tu n'es qu'un étourdi. Où as-tu la tête quand tu fais ton cartable ? Tant pis pour toi, tu t'arrangeras avec la maîtresse ! », si Jean dit à ses enfants sur un ton agacé : « Allez jouer dans votre chambre. Vous faites trop de bruit ! », si Joëlle se fâche contre Lucie à son retour d'école : « Dis donc, Lucie, je t'avais demandé de ranger ta chambre. Je n'ai même pas pu passer l'aspirateur ce matin. Je ne comprends pas comment tu peux vivre dans un tel désordre », chaque situation risque de s'envenimer et de devenir conflictuelle : Charles se mettra à pleurer en disant qu'il n'a pas fait exprès, les enfants de Jean rétorqueront : « Pour une fois qu'on joue ensemble ; laisse-nous finir notre jeu », Lucie répondra : « C'est ma chambre, je fais ce que je veux. Tu n'es pas obligée de passer l'aspirateur. »

2. À qui appartient le problème ?

Pour éviter cette conflictualisation souvent automatique, le parent a intérêt à prendre du recul par rapport à la situation en se demandant : « À qui appartient le problème ? »

À Charles qui ne peut pas faire ses exercices parce qu'il a oublié son livre.

À Jean qui ne peut écouter les informations à cause du bruit de ses enfants.

À Joëlle qui est empêchée de passer l'aspirateur aussi rapidement qu'elle le souhaiterait.

Ensuite, *il revient à chacun de résoudre le problème qui lui appartient*. Cette règle permet d'éviter de rendre quelqu'un d'autre responsable de son propre problème ou bien de se charger de résoudre un problème qui ne nous appartient pas.

Par contre il est toujours possible d'aider l'enfant ou le conjoint à résoudre son problème. Pour cela nous aurons recours à *l'écoute active* qui aidera notre interlocuteur à clarifier son problème puis à explorer les solutions possibles. Au final, c'est lui qui choisira sa solution. Peut-être aura-t-il besoin que nous l'aidions pour une part de la mise en œuvre de sa solution.

Lorsque Charles annonce à sa mère qu'il a oublié son livre, elle peut lui dire :

« Tu es très embêté d'avoir oublié ton livre ?

– Oui. Si je ne fais pas les exercices, la maîtresse va me punir.

– Que comptes-tu faire alors ?

– Je pourrais téléphoner à Olivia ; elle me dira les exercices.

– Tu as son numéro de téléphone ?

– Non, mais je peux le chercher dans l'annuaire.

– Donc tu prendras en note ce qu'Olivia te dictera au téléphone.

– Euh oui... J'ai peur de faire des fautes en écrivant.

– Tu as besoin que je t'aide ?

– Si tu voulais bien écrire, ce serait mieux.

– D'accord. Quand tu as Olivia au bout du fil tu m'appelles. »

Une fois le coup de téléphone passé, la maman de Charles pourra lui demander ce qu'il compte faire pour ne plus oublier son livre.

Cette manière d'aider un enfant à résoudre son problème en ne réalisant que la part de ce qu'il ne peut assurer responsabilise l'enfant et l'incite à prendre en charge son étourderie.

En revanche lorsque le problème nous appartient, il est nécessaire de clarifier notre besoin et de communiquer à l'aide d'un *message-je* [1] qui informe l'autre de ce qui nous gêne ou nous manque, sans que nous l'en accusions. Il permet aussi de lui exprimer une *demande* qui ne soit pas une *exigence*.

Ainsi Jean pourrait s'adresser à ses enfants en leur disant :

« Vous avez l'air de bien vous amuser.

– Oh oui ! c'est super !

– Puis-je vous demander quelque chose ?

– Oui, qu'est-ce qu'il y a ?

– Ce soir j'ai besoin de regarder les informations et je constate que vous êtes en pleine partie de Monopoly. Je crains de ne pas pouvoir entendre

1. Dr Thomas GORDON, *Parents efficaces*, Paris, Marabout, 1984.

la télé. Vous serait-il possible de jouer sans faire trop de bruit, disons en chuchotant, pendant au moins vingt minutes ?

– On va essayer, d'accord ! »

Au bout de dix minutes Jean a besoin de réitérer sa demande, mais elle est suivie d'effet.

Quant à Joëlle, elle pourrait accueillir sa fille à son retour d'école comme elle en a l'habitude, puis :

« **Lucie, ce matin quand je suis entrée dans ta chambre pour passer l'aspirateur, je me suis énervée. Je t'avais demandé de ranger ta chambre pour faire le ménage et il y avait un beau désordre. Il y est toujours d'ailleurs. J'ai dû renoncer à faire le ménage. Je pense que l'aspirateur a besoin d'être passé au moins une fois par semaine, et moi, je ne suis disponible que le lundi matin. Est-ce possible que chaque dimanche soir ta chambre soit rangée ?**

– C'est vrai que ça me barbe de ranger ma chambre. Je ne voudrais pas y passer la soirée de dimanche. C'est déjà assez triste comme ça le dimanche soir !

– Et si tu t'y mettais une heure avant le dîner, tu serais tranquille pour ta soirée. Et moi je serais assurée de pouvoir faire le ménage le lendemain.

– C'est d'accord, on essaye comme ça. »

C'est bien joli sur le papier, penseront certains parents peu convaincus par la méthode ou pensant l'avoir déjà appliquée, en partie du moins, sans en avoir récolté les effets attendus. Et pourtant cela est possible à condition de respecter toutes les étapes car les premières conditionnent l'efficacité des suivantes :

– se mettre en présence de l'enfant pour établir le contact en le rejoignant dans ce qu'il fait « ici et maintenant » ;

– solliciter son attention alors qu'il est en train de faire autre chose, et vérifier qu'il est prêt à nous entendre ;

– décrire la situation ou le comportement qui nous pose problème sans porter de jugement ;

– dire notre ressenti et faire part de notre besoin insatisfait ;

– exprimer une demande réaliste pour l'enfant ;

– accueillir sa réponse et éventuellement entamer une négociation.

II. DÉBUSQUER LES JEUX RELATIONNELS

Alors que nous souhaiterions avoir des relations plutôt sereines et vraies avec nos proches, il nous arrive de vivre des échanges qui dégénèrent en incompréhension, et apportent plus de déception et d'amertume que de satisfaction. Voici un exemple de ces dialogues qui enveniment nos relations parce qu'au lieu de résoudre les problèmes, ils entretiennent des conflits.

Un soir ordinaire, Madame vient de coucher les enfants, Monsieur se détend d'une journée chargée en surfant sur la toile.

Madame : Dis mon chéri, je peux te parler une minute ?

Monsieur (*en gardant un œil sur l'ordinateur*) : Bien sûr.

Madame : Voilà, Olivier (15 ans) est invité à l'anniversaire vendredi soir de son meilleur copain. Je n'ai pas dit oui, j'ai dit que je t'en parlerai.

Monsieur : Mais enfin, ma chérie, ça avait pourtant été très clair : vu les résultats scolaires d'Olivier, pas de sortie pendant un mois.

Madame : Oui mais…

Monsieur : Avec toi c'est toujours : « oui mais… » Pas moyen d'avoir une position franchement tranchée.

Madame : Pour tout ce qui est tranché, c'est sûr qu'on peut compter sur toi…

Monsieur : D'accord, comme toujours, je suis le grand méchant papa qui dit toujours non.

Madame *(les larmes aux yeux)* : Ce n'est pas ce que j'ai voulu dire, mais il faut reconnaître…

Monsieur : Reconnaître quoi ? Que je suis celui qui râle tout le temps, qui exige trop, qui empêche Madame de dorloter ses chers petits ?

Madame *(petite voix)* : Tu es injuste.

Monsieur : Écoute, finalement fais comme tu veux ; d'ailleurs je te soupçonne d'avoir dit à Olivier : « Je vais tâcher de faire fléchir ton père. » Alors, fais comme tu veux, mais ne viens pas te plaindre après ! *(Il se replonge furieux dans le web.)*

Combien de fois nous sommes-nous retrouvés piégés par un échange semblable, ne comprenant pas ce qui avait dysfonctionné puisque *a priori* nous étions de bonne volonté. À notre insu, sans doute, nous avons *joué un rôle*, au lieu de communiquer authentiquement avec notre interlocuteur. Ces jeux psychologiques que nous jouons souvent inconsciemment sont d'autant plus facilement sources de conflits qu'ils incitent le partenaire à entrer lui aussi dans la danse : pour jouer, il faut être deux. C'est pourquoi il est important de débusquer ces jeux qui parasitent nos échanges et viennent fausser la résolution des conflits.

Les auteurs de l'*analyse transactionnelle* ont décortiqué les caractéristiques de ces jeux involontaires et répétitifs. Dans l'exemple ci-dessus nous en retrouvons les principaux ingrédients.

Un des partenaires accroche l'autre par *un message caché* qui vient le toucher dans un de ses points faibles : Madame intercède pour son fils dans le but non avoué de faire fléchir Monsieur sur une décision d'autorité. Elle entre en scène en essayant de manipuler Monsieur qui refuse de se laisser faire. Alors s'opère *un changement de rôle* : Madame devient victime des attaques de Monsieur. L'escalade se termine par *un coup de théâtre* : la phrase qui déstabilise Madame en dévoilant son jeu. Il en résulte pour les deux protagonistes des *bénéfices négatifs* : Monsieur est furieux de la tentative de son épouse et Madame est déçue de n'être pas arrivée à ses fins.

Stéphane Karpman a expliqué la dynamique de ces jeux à l'aide d'un *triangle* qu'il a appelé *dramatique* parce que lorsqu'on y entre, la communication peut devenir infernale. Chacune des pointes du triangle représente l'un de ces trois rôles :

– le persécuteur qui ordonne, critique, attaque, dénigre ou dramatise ;

– la victime qui se plaint, se soumet, réclame de l'aide, culpabilise les autres, est fatiguée, pleure ou se dévalorise ;

– le sauveur qui se précipite pour aider, arrange les situations, se rend indispensable, donne des solutions, intercède ou minimise.

Dans notre exemple, les protagonistes ont joué alternativement persécuteur et victime. Aucun de ces rôles n'est bien sûr satisfaisant parce qu'ils ne respectent pas l'autre, soi-même, ou la réalité. La seule manière d'interrompre ces jeux est d'opter pour une *position « adulte »* telle que la définit l'analyse transactionnelle : prendre du recul pour observer ce qui se passe (à quoi jouons-nous ?) et stopper le jeu en communiquant de façon plus authentique et plus claire (qu'est-ce que je veux vraiment lui dire ? Qu'est-ce que tu veux me dire ?). Ce qui nécessite d'accepter d'écouter l'autre jusqu'au bout et d'oser dire ce que l'on a besoin de dire.

Si l'on veut travailler plus profondément sur ce qui nous entraîne à jouer un rôle plus qu'un autre avec notre conjoint ou avec l'un de nos enfants, nous aurons besoin d'aide pour identifier ce qui dès l'enfance nous a conduits à prendre automatiquement telle ou telle posture.

Ces jeux peuvent être pratiqués très tôt par l'un ou l'autre de nos enfants. Marie a ainsi réalisé que son fils Théo (4 ans) se précipitait dans ses bras pour lui faire un câlin à chaque fois qu'il sentait le moment où sa maman allait le gronder. Ce qui avait pour effet d'empêcher la maman d'exprimer le moindre reproche à son fils. Ayant compris son jeu, Marie maintient physiquement Théo à distance d'elle pour lui dire ce qu'elle a à lui dire, en le regardant dans les yeux et en l'invitant à s'exprimer lui aussi.

III. GARDER SON CALME (OU POUVOIR LE RETROUVER)

Les conflits créent immanquablement des tensions entre les protagonistes. Ils suscitent chez eux des émotions vives et provoquent des réactions qui peuvent être violentes. Et pourtant, ces mêmes conflits ne peuvent pas être résolus de façon satisfaisante sans un minimum de calme et d'objectivité entre les protagonistes. C'est pourquoi les parents ont la responsabilité de trouver des moyens pour faire baisser la tension et faciliter la résolution des conflits avec leurs enfants.

Il s'agit de s'entraîner à prendre du recul par rapport aux situations conflictuelles dans lesquelles nous sommes impliqués et qui, bien souvent, nous rendent aveugles et sourds, incapables d'envisager une issue satisfaisante. Comme cet insecte, s'agitant contre une vitre, qui n'est pas capable de voir que la fenêtre est ouverte et qu'il suffirait de prendre un peu de recul pour sortir de la pièce.

1. Comment vivre ce « stop » indispensable pour maîtriser ses propres réactions et contenir celles de l'enfant ?

Voici différentes manières de faire expérimentées par des parents :

« Face à la violence d'un jeune, parfois je cède le terrain : je pars physiquement pour être plus posée et pour trouver un début de solution. »

« Je prends les choses avec humour pour détendre l'atmosphère. »

« Je prends du recul en parlant avec mon conjoint ou avec des amis. »

« Si mon mari est là, je me retire et je le laisse intervenir. »

« Je respire profondément pour ventiler mes émotions. »

« Écrire le conflit m'aide à sortir de ma colère. »

« Je prie, ça m'aide à prendre du recul. »

« Je me force à penser à autre chose, ça m'apaise. »

Faire face à l'intensité de ses émotions, à l'emballement de ses pensées ou à sa réactivité viscérale, n'est pas chose facile. Cependant il existe des méthodes éprouvées et efficaces pour réussir à retrouver son calme momentanément disparu. À chacun d'expérimenter celle qui lui convient :

L'hypoventilation : en ralentissant volontairement son rythme respiratoire, on peut susciter un ralentissement de son rythme cardiaque et un apaisement de son mental. Il suffit de prolonger tranquillement le mouvement de l'expiration pour vider ses poumons et ne reprendre qu'un petit peu d'air qu'on garde un court instant. Lorsqu'on répète plusieurs fois cet exercice on peut constater par soi-même un ralentissement de son pouls et une sensation de retour au calme.

La méthode du docteur Vittoz[2] propose un certain nombre d'exercices corporels permettant de retrouver une plus grande capacité à gérer ses émotions, à contrôler ses pensées, et donc à pouvoir faire face plus sereinement à des situations conflictuelles. L'un de ses grands principes consiste à rééquilibrer *la réceptivité* et *l'émissivité* (deux facultés utilisées alternativement par le cerveau) pour développer un état de présence plus juste à soi-même et aux autres.

La réceptivité consiste à recevoir les informations de l'environnement ou de notre corps, par nos sens, en vivant des *sensations* sans se perdre dans nos émotions

---

2. Francis GILBERT, Dr Annick LECA, Christiane Guyon GELIN, *Vivre mieux au quotidien. Vittoz mode d'emploi*, Lyon, Chronique sociale, 2006.

ou nos pensées. Alors que mon adolescent me provoque, je peux, tout en restant en contact avec lui, sentir mes pieds posés sur le sol, mon corps debout dans sa verticalité, recevoir les couleurs qui m'entourent. Ce faisant, je mets mon mental au repos. Je lui évite de s'emballer aux propos de mon fils.

Tandis que l'émissivité consiste à utiliser sa pensée, au mieux, pour agir de façon plus consciente et plus libre. Mon mental, calmé grâce à la réceptivité, peut discerner plus aisément la réponse à donner face au comportement de mon adolescent : écoute, mise à distance ou recadrage.

Cette méthode psychocorporelle qui permet de développer un véritable « art de vivre » donne aussi la possibilité de faire un travail en profondeur, dans un cadre thérapeutique.

La restructuration cognitive propose d'intervenir sur ses *pensées automatiques* au moment du conflit pour les remettre en cause et les modifier dans un sens plus réaliste. Ceci permet de rompre le cercle vicieux entre émotions et pensées automatiques pour agir de façon plus sereine. La porte d'entrée, cette fois, n'est plus le corps : ce sont les *représentations mentales* qui s'imposent à nous en situation. En effet, la manière dont nous nous représentons les personnes ou les situations conditionne nos émotions et nos réactions : si je suis persuadé que mon adolescent « fait exprès », qu'avec lui c'est toujours pareil, que de toute façon il exagère, qu'on ne peut rien obtenir de lui, je vais réagir en conséquence. Mais lorsque j'accepte de changer mon regard sur lui, je deviens capable d'agir autrement, avec plus de justesse et donc plus d'efficacité aussi. On est tous les deux gagnants ! Cette méthode s'inspire de la thérapie cognitive.

2. Communiquer sur son état

« Si dans un conflit, je me sens remise en cause, ma réaction dépend de ma sérénité intérieure et de mon état de fatigue. »

Comme bien d'autres mères de famille, Camille a conscience que sa capacité à prendre du recul dépend de son état physique et psychologique du moment. Or les parents ont de nombreuses raisons, objectives et subjectives, de se sentir fatigués et même épuisés. Dans ces moments-là, il est particulièrement difficile de vivre les conflits sans qu'ils ne dégénèrent. En effet la moindre petite chose peut devenir explosive et dramatique, entraînant une spirale de pensées, d'émotions et de réactions négatives. Pourquoi nos enfants pâtiraient-ils de tout cela ? Que pouvons-nous faire quand cela nous arrive ?

Geneviève se souvient du soir où, donnant à manger à son fils de 4 ans, après sa journée de travail, elle l'entend lui dire : « Maman, tu es fatiguée. »

Soudain j'ai réalisé que j'avais été chercher mon fils chez la nourrice ; je lui avais préparé son repas ; tout cela comme un automate, sans être en contact avec lui, complètement absorbée par mes soucis de travail.

Heureusement qu'il a osé me parler. Ce soir-là il a fait preuve d'une réelle empathie à mon égard. Ça a été pour moi un déclic.

À partir de cette expérience, j'ai pris la décision de prévenir mes enfants quand je rentre de mon travail sans avoir réussi à m'apaiser intérieurement. En général, ces soirs-là, ils se montrent plus compréhensifs. Bien sûr il ne faut pas que j'en abuse !

Communiquer sur son état, sans se plaindre et sans faire de chantage, permet déjà de ne plus s'identifier à son état de fatigue. D'autre part, cela évite d'imposer à ses enfants une pression qui ne les concerne pas. Encore faut-il que nous soyons suffisamment à l'écoute de nous-mêmes et que nous ayons confiance en nos enfants pour oser leur dire notre vulnérabilité.

Ce qui n'a pas été le cas de Bertrand, le père de Thomas (20 ans), un certain week-end où celui-ci était de retour à la maison. S'adressant à sa mère, le lendemain de son arrivée, voici ses propos : « Depuis que je suis arrivé, papa ne m'a pas adressé la parole. Il n'a même pas fait attention à moi. Franchement, ça ne me donne pas envie de revenir à la maison. On dirait qu'il s'en fiche que je sois là ou non. »

Bertrand avait de gros soucis. Il était préoccupé et avait la tête ailleurs. Son épouse a pu le sensibiliser au ressenti de leur fils, permettant à Bertrand de manifester de l'attention à Thomas avant qu'il ne reparte.

3. Prendre soin de soi

« Il y a des moments particulièrement difficiles à vivre dans la journée d'une mère de famille à la maison. Quand tout se précipite, la tension monte, l'énervement est à son comble. On est obligé souvent d'imposer un rythme soutenu aux enfants qui, dans ces moments-là, semblent faire exprès de ne pas se presser. Par exemple, le matin avant d'aller à l'école. Les repas sont parfois des moments qui deviennent insupportables tellement les enfants

semblent prendre plaisir à se tenir mal, à se chamailler ou à ne pas vouloir manger.

« **Le pire, c'est peut-être le soir entre le travail scolaire, les bains, le dîner à préparer et les coups de fil de l'extérieur... On est bien content quand les plus jeunes sont au lit. Ouf !**

« **À ce moment-là le mari rentre en nous demandant, pourtant gentiment : "Qu'est-ce que tu as fait aujourd'hui ma chérie ?" Et vous vous entendez dire : "Eh bien ! rien de spécial. Non rien." Et là, c'est difficile de ne pas s'écrouler complètement !** »

Comment prendre soin de soi pour ne pas aller jusqu'à l'épuisement maternel qui a maintenant été identifié et analysé, au même titre que l'épuisement professionnel (le *burn out*).

Quels sont mes besoins et que puis-je faire pour les satisfaire ? À qui puis-je demander de l'aide ? Déléguer certaines tâches ?

« **Maman est fatiguée mais elle continue de faire les choses toute seule parce que sinon elles ne sont pas faites comme elle le voudrait.** » Les enfants ont un regard assez lucide sur leurs parents.

Quelles sont les exigences que je m'impose et que j'impose aux membres de ma famille ? Comment pourraient-elles être réévaluées ?

Sylvaine a réalisé qu'elle ne savait pas dire non à ses enfants :

« **Ils pouvaient me demander tout ce qu'ils voulaient : de la disponibilité, de la tendresse, de l'écoute, des services. Je le leur accordais parce que, pour moi, c'était cela être une bonne mère. Et**

puis, brutalement, sans prévenir, j'éclatais en colère, je les rejetais. Trop c'était trop.

« Maintenant j'essaye d'anticiper un peu plus. J'apprends à leur dire non, sans me culpabiliser, pour me respecter et me faire respecter. Et je m'aperçois que c'est mieux pour moi, pour eux et pour notre relation. »

Quand il y a un écart trop grand entre l'idéal qu'on s'impose et la réalité qu'on vit, cela devient insupportable. C'est source de stress pour soi et pour ses proches.

Pourquoi ai-je besoin de me mettre la barre aussi haute ?

Accepter ses limites, renoncer à vouloir être un parent parfait, consentir à la réalité familiale qui est la nôtre… tel est le chemin sur lequel nous avançons pour grandir en sérénité, vertu tellement essentielle pour la gestion de nos conflits familiaux au quotidien.

De nombreux croyants reconnaissent avoir trouvé de l'aide grâce à cette prière : « Seigneur, donne-moi la sérénité d'accepter les choses que je ne peux pas changer, le courage de changer celles que je peux changer et la sagesse d'en reconnaître la différence. »

IV. RÉUSSIR À DIALOGUER

En situation de conflit, il est important de créer les conditions d'un véritable dialogue pour que la parole circule, peut-être à nouveau, entre les protagonistes, évitant ainsi que la violence ne s'installe.

Grâce au dialogue, les personnes en conflit vont pouvoir s'expliquer et se comprendre, élargir chacune leur point de vue sur l'objet du conflit. Il est donc indispensable que l'une des parties prenne l'initiative de la communication en évitant les pièges habituels qui parasitent nos échanges.

Dans le cas de conflit entre enfant et parent, c'est à ce dernier de susciter le dialogue en commençant par écouter l'enfant pour lui permettre de dire ce qu'il a besoin de dire et ce n'est que dans un second temps que le parent exprimera son point de vue. *Écoute sincère* et *parole authentique* sont donc les deux éléments principaux d'un *dialogue de qualité*.

1. Prendre le temps d'écouter sincèrement

L'écoute est rarement une attitude spontanée surtout lorsqu'on est en conflit avec quelqu'un. Elle exige de celui qui veut la pratiquer un véritable travail intérieur de désencombrement de soi-même. Les préjugés, les a priori, les justifications, les solutions toutes faites, tout ce qui risque de parasiter notre écoute a besoin d'être mis en veilleuse pour que nous puissions nous ouvrir à la personne de l'autre et lui donner toute sa place. Cela veut dire que nous renoncions à nos réactions habituelles qui nous entraînent à parler le premier, à couper la parole, à nous défendre ou à accuser l'autre, pour apprendre à contenir nos émotions et à savoir nous taire.

Le silence est en effet précieux dans l'interaction avec un opposant. Il permet de retrouver son calme, de montrer à l'autre qu'on lui donnera le temps qui sera nécessaire, de l'assurer de notre respect, de lui offrir un véritable espace de parole. Le silence crée la confiance.

Cependant l'écoute nécessaire à la résolution d'un conflit n'est pas uniquement passive, c'est-à-dire silencieuse. Elle a aussi besoin d'être active. C'est pourquoi nous utiliserons :

– *des invitations et des relances* : « Raconte-moi ce qui te fait peur », « Dis-moi ce qui t'inquiète » ;

– *des questions*, de préférence ouvertes et le moins investigatrices possible : « Que s'est-il passé ? », « Qu'est-ce qui est important pour toi ? », « Qu'est-ce qui t'a empêché de... », « Qu'est-ce que tu pourrais faire pour ça ? »

– *des reformulations*, sans « valeur ajoutée »[3] : « Tu es triste parce que papa va partir », « Tu penses ne pas pouvoir rentrer à cette heure-là. »

Tous ces outils de *l'écoute active*, y compris les silences, sont au service de la parole de celui avec lequel nous sommes en conflit. En l'aidant ainsi à s'exprimer vraiment, nous lui permettons de mettre des mots sur ce qu'il ressent et ce qu'il pense. Nous l'aidons à clarifier ses besoins. Nous cherchons sincèrement à comprendre et à reconnaître son point de vue, si différent soit-il du nôtre. Nous élargissons notre vision du conflit. Cela contribue à restaurer suffisamment de confiance dans la relation pour qu'à son tour il veuille bien nous écouter.

2. Oser parler de soi authentiquement

S'exprimer pour que l'autre nous comprenne demande de respecter quelques règles de communication qu'on n'a pas toujours l'habitude de pratiquer.

3. Les attitudes spontanées de Porter ou reformulations à valeur ajoutée sont : le conseil, le soutien, l'évaluation, l'investigation, l'interprétation. Cette typologie permet de prendre conscience de nos réactions et de leurs conséquences en situation d'écoute.

Pour maintenir la confiance qu'on a commencé de rétablir grâce à l'écoute active, on évitera les propos accusateurs, moralisateurs ou interprétatifs qui entraîneraient la fermeture chez notre interlocuteur. Par contre on sollicitera son écoute : « Puis-je te dire à mon tour comment je vis la situation ? » Il s'agira de s'expliquer en étant, d'une part, le plus factuel possible pour que l'autre comprenne ce dont on parle, sans se sentir accusé et, d'autre part, le plus authentique possible sur ce qu'on vit pour que l'autre puisse être touché.

Cela suppose que nous ayons pris le temps de nous mettre à l'écoute de nous-mêmes avant de nous confronter à notre interlocuteur, comme nous le conseille *la communication non violente*. En effet lorsqu'on est impliqué dans un conflit avec un de ses enfants ou avec son conjoint, on vit des frustrations, des insatisfactions ou des déceptions qui ont besoin d'être entendues et reconnues par l'autre. Mais si nous commençons par nous plaindre ou par l'accuser, il cessera de nous écouter.

Il nous faut donc rechercher *les faits* qui ont déclenché notre état intérieur pour être en mesure de les décrire précisément et objectivement, sans chercher des explications, ni émettre de jugement sur qui que ce soit.

Ensuite nous identifions *nos émotions* qui ont été déclenchées par ces faits pour nous permettre de les nommer en les assumant comme nôtres. Bien sûr, l'autre les a déclenchées par son comportement, mais il n'en est pas la cause. Ces émotions nous révèlent *des besoins insatisfaits* que nous analyserons. Ce peut être aussi des attentes déçues, ou des valeurs bafouées. Cette écoute de nous-mêmes nous permet de sortir d'un rôle de victime et de retrouver la responsabilité de ce que nous vivons.

Enfin, après avoir clarifié notre position personnelle, nous sommes en mesure d'imaginer ce que nous pouvons demander à notre interlocuteur de changer pour qu'à l'avenir nos besoins puissent être satisfaits. *La demande* devra être claire, précise et réaliste. On la formulera comme une proposition et non pas comme un ordre. Peut-être sera-t-elle le point de départ d'une négociation.

Aussi bien dans l'écoute de l'autre que dans l'expression de soi on cherchera à se mettre dans *une relation « d'adulte à adulte »* (au sens de l'analyse transactionnelle), en privilégiant l'analyse des faits et le raisonnement plutôt que les réactions émotionnelles ou les pétitions de principe, pour éviter des rapports de domination ou de soumission qui perturberaient la communication et mettraient en échec la résolution du conflit. Cette posture « adulte » manifeste, ici et maintenant, l'égale dignité de chacun mais ne signifie pas égalitarisme ni perte d'autorité du parent vis-à-vis de son enfant ; elle implique que la parole de l'un comme celle de l'autre sont également respectables. Néanmoins le parent garde toute sa responsabilité dans la conduite du dialogue.

Il est fréquent que deux personnes réussissent à sortir d'un conflit grâce à un dialogue réussi, car le fait d'entrer dans une compréhension mutuelle fait tomber les raisons de s'opposer ou, du moins, elles n'apparaissent plus comme inconciliables.

Ceci explique que dans les familles où la communication est suffisamment bien développée dans le respect de chacun et sans trop de jeux parasites, les occasions de conflits sont moindres.

IL FAUT QU'UN PORTILLON SOIT OUVERT OU FERMÉ

Dimanche à l'heure du café, en sortant dans le jardin, Jacques constate qu'une fois de plus le petit portillon du fond n'est pas fermé ! Rentrant dans la maison, il demande à la cantonade : « Qui a laissé le portillon ouvert ? » Évidemment personne ne répond et son épouse lui fait délicatement remarquer la contre-productivité de cette question qui reste sans réponse tout en stimulant la grogne des enfants concernés. « Tu sais bien, papa, que c'est déjà assez difficile de faire passer le scooter avec les rétroviseurs. » Ce portillon donne en effet sur une étroite sente menant à la rue principale et n'est utilisé que pour faire passer vélos, scooters et, le dimanche, la brouette de jardinage.

Ayant lu un ouvrage de communication non violente, Jacques décide de s'appliquer la méthode proposée pour le traitement des conflits :

a) Quels sont mes *sentiments* face à ce portillon ouvert : la colère principalement, et la déception de la non-observation de mes consignes par mes enfants.

b) Quels *besoins non satisfaits* indiquent ces sentiments : plus que le dépit de l'autorité paternelle c'est, à la réflexion, le sentiment d'in-quiétude (de non-tranquillité dans le jardin) qui est, en profondeur, à la base de cette colère. En effet Jacques consacre beaucoup de soin à ce jardin où il fait bon se reposer, bavarder, jouer... et jardiner, ce qui est sa principale détente après une semaine généralement remplie d'entretiens professionnels et de réunions associatives. Bien que ce jardin soit très accueillant aux enfants, petits-enfants et amis, ce portillon ouvert est ressenti par Jacques comme une menace : risque d'intrusion de promeneurs égarés, d'enfants à l'aventure, de chiens errants... Dans cette réflexion Jacques découvre que ce n'est certes pas la défense de son droit de propriété sur cette parcelle qui le motive, mais le besoin de repos et de paix.

c) Il lui est alors possible d'*imaginer une solution négociable* :

– de quoi ont besoin les enfants utilisateurs du portillon ? De ne pas être trop gênés pour le passage. Les solutions mécaniques (fermeture automatique) s'avèrent inadaptées ;

– de quoi Jacques a-t-il besoin ? Que le portillon soit fermé lorsqu'il se trouve dans le jardin (le week-end).

d) La discussion permet de se mettre d'accord sur une règle : le portillon doit être toujours fermé le samedi et le dimanche (et on ajoute le mercredi pour éviter les explorations enfantines). Jacques admet qu'il peut rester ouvert les autres jours.

Conscient de la situation et affectueusement respectueux de leur papa, les jeunes acceptent et appliquent ces règles sans qu'il soit nécessaire de les rappeler très souvent. Depuis, il arrive que Jacques aille fermer lui-même le portillon en évitant d'interroger « la cantonade ».

V. TROUVER UNE SOLUTION NOUVELLE PAR LA NÉGOCIATION

Florence et Marc reviennent d'une semaine de vacances avec leurs trois enfants et un ami de Mathieu, leur fils aîné (16 ans). Marc n'est pas content de la manière dont ils ont tout simplement évacué la prière familiale à cause de la présence de l'ami de Mathieu. Florence se demande après coup s'ils ont bien géré la question.

Que s'est-il passé ? Dès le premier jour de vacances Florence propose de consulter Mathieu

par rapport à la prière du soir habituelle et à la présence de son ami. Il répond abruptement : « Il n'est pas question de faire une prière en famille. » Florence rallie sans difficulté l'avis de son fils tandis que Marc s'oppose farouchement : « Je ne vois pas pourquoi nous ne ferions pas la prière comme tous les soirs. Ce serait rougir du Christ que de ne pas oser la faire en présence de ton ami. » Mais finalement, il n'y a eu aucune prière familiale pendant le séjour. C'est donc l'avis du fils soutenu par sa mère qui s'est imposé sans qu'il y ait de véritable échange pour discuter de la question.

Quand un point de vue s'impose contre un autre point de vue, cela fait un gagnant et un perdant. On ne peut pas en conclure que la résolution du conflit ait été satisfaisante. C'est ce que ressent Florence qui doute de la justesse de la décision imposée par leur fils et qui en ressent peut-être un peu de culpabilité.

Ce qui a manqué dans cette situation c'est une négociation entre le père, la mère et le fils aîné dans le but de chercher ensemble une solution satisfaisant chacun, c'est-à-dire une autre solution que le point de vue de l'un ou de l'autre. En effet dans la résolution d'un conflit, toutes les parties en jeu doivent en général faire des concessions. La négociation oblige à communiquer, à argumenter et à être créatif. Elle fait progresser tous ceux qui s'y impliquent et leur permet de dépasser « le tout ou rien ».

Pour mener à bien une négociation on a besoin de se mettre d'accord sur le désir de trouver ensemble une solution et sur un minimum de méthode. Celle-ci consiste à respecter les points suivants :

– créer un climat favorable au dialogue ;

– poser le problème ;
– exposer chacun sa position personnelle ;
– imaginer plusieurs solutions possibles et les évaluer ;
– choisir une solution acceptable par tous ;
– appliquer la solution et en suivre les résultats.

Michel ne supporte pas que sa fille aînée ne prenne pas part aux repas du soir en famille. En effet, rentrant vers 18 heures de ses cours, Agnès prend un goûter dînatoire et elle se met au travail pour la soirée. Après une explication entre le père et sa fille, ils se sont mis d'accord sur une solution satisfaisante pour l'un et pour l'autre : Agnès n'est pas obligée de participer aux repas du soir en semaine si elle est présente aux repas familiaux du week-end.

Jérôme décrète qu'il ne veut plus aller à la messe : « Ça ne sert à rien », dit-il. Son père refuse de le laisser faire, il lui impose de continuer d'aller à la messe le dimanche. Après une confrontation entre le père et le fils, ils réussissent à se mettre d'accord sur la solution suivante : Jérôme lira l'Évangile du dimanche pendant que le reste de la famille ira à la messe, et il en discutera ensuite avec son père.

Pratiquer la négociation en famille comporte plusieurs avantages :

– elle permet de prendre en compte chacune des personnes impliquées dans le conflit et elle garantit un climat de respect et de bienveillance ;

– elle est créative et efficace, puisqu'elle permet de trouver une solution originale et satisfaisante pour tous. Et toutes les parties s'impliquent dans la mise en œuvre ;

– elle a un rôle éducatif puisqu'elle responsabilise chacun et favorise l'apprentissage d'un mode de communication non violente ;

– elle renforce les relations entre les membres de la famille qui sont heureux de réussir à résoudre leurs conflits.

VI. SE RÉCONCILIER QUAND LE CONFLIT A DÉGÉNÉRÉ

Lorsque des conflits familiaux dégénèrent en violence verbale ou physique, se pose la question du devenir des relations entre les personnes impliquées. Allons-nous laisser les relations se détériorer insidieusement en accumulant ressentiment, haine ou désir de vengeance, et nous réveiller un beau jour en constatant qu'elles sont devenues invivables ? Ou bien saurons-nous en prendre soin et les réparer au fur et à mesure en mettant en œuvre un véritable travail qui conduise jusqu'au pardon ? En effet le pardon, demandé et accordé, a la capacité de restaurer la relation blessée entre deux personnes qui se sont agressées, à condition de le vivre en respectant toutes les dimensions et de ne pas le dévoyer.

Il est tentant, pour des parents, d'utiliser le pardon de façon systématique pour sortir d'un conflit entre deux enfants.

Louise, entendant les cris de Lucie (5 ans), se précipite dans la chambre de ses filles. Elle surprend Manon (8 ans) en train de frapper sa sœur. Aussitôt, elle les sépare, se fâche contre son aînée

et exige d'elle que, sur-le-champ, elle demande pardon à sa sœur.

Des parents s'interrogent, à juste titre, sur cette pratique : « **Faut-il exiger une demande de pardon "réflexe" et donc forcée ou bien attendre que le pardon soit vécu sincèrement ?** »

Pour répondre à cette question, précisons ce qu'est le pardon. D'après Vincent Laupies : « Le pardon est l'acte par lequel la personne agressée propose la reprise de la relation et son renouvellement à la personne qui l'a agressée et qui le demande[4]. » Le pardon est un acte éminemment libre et personnel. Les parents n'ont donc pas le pouvoir d'exiger la réconciliation entre leurs enfants. Par contre, ils ont la responsabilité de sanctionner l'enfant quand il transgresse la loi qui interdit de frapper. La réconciliation appartient donc aux enfants qui, seuls, peuvent en avoir le désir et peuvent la vivre.

De plus, à s'immiscer dans la relation entre ses enfants, le parent court le risque de commettre une injustice. Qu'est-ce qui a provoqué la colère de Manon ? Si le parent n'aide pas les enfants à dire ce qui s'est réellement passé, le conflit ne peut être résolu.

« Apprendre à l'enfant à pardonner ne peut pas se faire directement en lui disant de demander pardon ou de donner son pardon, insiste Vincent Laupies. Dans ce cas, en effet on est nécessairement intrusif. »

L'ordre de demander pardon ne peut donc ni servir à sortir d'un conflit – il risque plutôt de le masquer – ni permettre une réelle réconciliation entre les deux protagonistes. Alors comment vivre ce pardon en

4. V. LAUPIES, *Donner sans blesser*, Paris, Éd. de l'Emmanuel, 2004.

famille, et initier des enfants à la possibilité de se réconcilier ?

En développant un climat d'amour inconditionnel au sein de la famille, parce qu'il faut beaucoup d'amour donné et reçu entre tous pour demander pardon et pardonner quand la violence a fait des dégâts.

En exerçant une autorité juste qui se réfère à des règles clairement énoncées et qui ose appliquer des sanctions. Cela permet à chacun de se situer, d'évaluer ses comportements et de prendre conscience de leurs conséquences.

En montrant l'exemple : les parents peuvent se réconcilier entre eux ; ils peuvent aussi demander pardon à leurs enfants quand ils se sont comportés de façon excessive à leur égard. Là aussi, il est important que la demande de pardon ne vienne pas étouffer un conflit récurrent. En effet un parent qui demanderait systématiquement pardon quand il insulte ou frappe ses enfants et qui ne ferait pas d'effort pour changer son comportement, ne pourrait pas être pris au sérieux.

En respectant toutes les étapes de la démarche qui conduit à la réconciliation entre un offenseur et un offensé :

– reconnaître la faute commise par l'agresseur et donc appliquer la sanction ;

– reconnaître les dommages causés par l'agression et donc chercher à les réparer ;

– s'ouvrir au désir de la réconciliation c'est-à-dire renoncer à sa toute-puissance d'agresseur pour avoir l'humilité de demander pardon, ou renoncer à la vengeance pour accorder son pardon ;

– vivre le moment de la rencontre.

Cette démarche demande du temps et nécessite un dialogue entre les personnes concernées. On ne peut pas la réduire à une formule magique ou formelle, exprimée sous la contrainte.

Des parents chrétiens témoignent de l'aide précieuse qu'est la prière vécue en famille pour recevoir de Dieu sa lumière, son amour et sa force :

– la lumière de sa Parole permet de prendre conscience de nos propres fautes ;

– son amour apaise notre cœur et éveille le désir de la réconciliation.

– sa force donne le courage de demander pardon ou de pardonner.

En s'ouvrant aux dons de Dieu, petits et grands se disposent à vivre le pardon entre eux, mais aussi à le recevoir de Dieu.

Astrid (6 ans) se préparait à sa première communion quand sa maman lui a raconté la parabole de la brebis perdue dans l'évangile de saint Luc (chap. 15). Après un temps de silence, Astrid confie à sa maman : « Alors quand je fais des bêtises, je ne fais pas plaisir à Dieu, mais il me pardonne. »

VII. CHERCHER DE L'AIDE POUR SORTIR D'UNE SITUATION BLOQUÉE

« Il y a eu une période où pour toutes les situations de la vie quotidienne, Hugo, le plus jeune de nos enfants, opposait un refus systématique : refus de prendre le bain, de se coucher, d'aller à table, de manger… La situation avait dégénéré en polluant l'atmosphère entre les parents, entre les parents et les aînés. Ces derniers nous reprochaient notre

faiblesse par rapport à Hugo. Il a fallu l'intervention d'un tiers (une psychologue) pour débloquer la situation. »

Malgré toute la bonne volonté des parents, il existe des situations où les conflits s'enlisent à tel point que parents et enfants sont enfermés dans une relation figée. Il faut alors savoir dépasser un sentiment d'échec pour oser demander de l'aide et permettre qu'une issue positive se fasse jour.

Il existe différentes personnes susceptibles de jouer ce rôle de tiers dans des relations conflictuelles qui semblent bloquées : des personnes de confiance dans notre entourage, ou des professionnels des relations humaines.

« Face à un conflit borné, une attitude fermée, ou une provocation de mon adolescent qui ne parvient pas à dire son mal-être, je lui propose de parler à quelqu'un en qui il a confiance : son *parrain*, un *ami de la famille*, ou un *oncle*... Avec une tierce personne extérieure à la famille proche, il s'exprime plus librement. »

« Nous avions des disputes presque permanentes avec notre fille de 9 ans, aînée de trois filles. Elle ne se livre pas facilement avec nous. Elle n'a pas bien accepté l'arrivée de la seconde. Avec son accord, nous avons fait une démarche auprès d'un *psychothérapeute*. Il en ressort pas mal de choses vécues par elle sans que nous, les parents, nous en soyons conscients. Elle a été choquée par un accident arrivé à sa petite sœur sous ses yeux. Cette démarche lui procure un certain apaisement. »

Des professionnels proposent différents moyens : le conseil conjugal et familial ; la psychothérapie individuelle ou familiale ; la médiation familiale.

Des associations proposent des formations pour développer une meilleure communication au sein de la famille.

En se présentant au début d'une formation pour parents d'adolescents, Isabelle parle de son fils de 18 ans, Maxime : « Il est en classe de terminale, avec un an de retard, et, en plus, il est amoureux ! » Elle prend à témoins les autres parents : « Vous vous rendez compte, il ne pourra jamais avoir son bac s'il est amoureux ! Ce n'est pas possible. D'ailleurs, je lui ai dit que je ne voulais pas entendre parler de cette fille. » Tour à tour les parents s'expriment, partageant leurs expériences personnelles : « Moi, j'ai eu mon bac tout en étant déjà amoureuse de celui qui est devenu mon mari. » Questionnant Isabelle : « Tu crois que tu peux lui interdire d'être amoureux ? » Pour Isabelle, c'était impensable d'être en terminale et d'être déjà amoureux. Dans sa famille cela ne se passait pas ainsi.

Le lendemain matin, Isabelle prend la parole la première dans le groupe : « J'ai parlé à mon fils hier soir. Je lui ai dit que s'il le désirait, je serais contente de parler avec lui de son amie. Il a paru soulagé. En entendant vos différents points de vue hier, il y a quelque chose qui s'est ouvert en moi. Merci à vous tous. » Isabelle était effectivement souriante et plus détendue.

Il existe des groupes de parole de parents.

« À la suite d'un partage dans un groupe de parents nous avons décidé de discuter avec notre

fille à propos du rangement de sa chambre. Avec elle nous avons partagé les tâches : un peu elle, un peu maman, et nous avons expliqué pourquoi il nous semblait que la chambre avait besoin d'être rangée. Depuis, alors qu'elle s'opposait à l'heure du rangement, maintenant il y a beaucoup moins de difficulté. »

Se retrouver entre parents pour partager ses expériences, ses questions et ses difficultés donne la possibilité de changer son regard sur sa réalité familiale parfois bloquée et d'envisager de nouvelles attitudes qui mettent du jeu dans un système jusque-là fermé et permettent de trouver une issue constructive.

Citons encore des groupes d'entraide de parents.

À travers des rencontres ou des services qu'on peut se rendre entre parents au sein d'une association ou d'un groupe d'entraide, il peut s'échanger des propos permettant de prendre de la distance avec sa propre situation et de s'ouvrir à d'autres façons d'être parent. Mais on veillera à la discrétion par rapport aux enfants car on sait que les bavardages, même bien intentionnés, vont vite dans le voisinage !

« J'avais l'habitude d'échanger sur tous les sujets de la vie quotidienne avec un petit groupe d'amies proches, y compris de question éducative. Mais lorsque notre fille a eu de grosses difficultés, j'ai cherché une aide ailleurs et me suis gardée de leur en parler car ma fille était baby-sitter chez plusieurs d'entre elles qui auraient pu la juger à travers ses difficultés. »

BIBLIOGRAPHIE

Les conflits

CARRÉ (Christophe), *Sortir des conflits avec les autres*, Paris, Eyrolles, 2004.

CHALVIN (Dominique), *Tensions et conflits dans les relations personnelles*, Paris, ESF, 1999, rééd. 2006.

CUNGI (Charly), *Savoir gérer son stress en toutes circonstances*, Paris, Retz, 1996, rééd. 2006.

Les conflits dans l'éducation

FABRE (Nicole), *Ces enfants qui nous provoquent*, Paris, Fleurus, 1997.

GEORGE (Gisèle), *Mon enfant s'oppose. Que dire ? Que faire ?*, Paris, Odile Jacob, 2002.

LAUPIES (Vincent), *Autorité et dialogue*, Paris, Le Laurier, 2002.

OLIVIER (Christiane), *Les parents face à la violence de l'enfant*, Paris, Fayard, 2000.

PAUL-CAVALLIER (François), *Éduquer gagnant*, Paris, Eyrolles, 2008.

PETITCLERC (Jean-Marie), *Éducation non violente*, Suisse, Éd. Saint-Augustin, 2005.

THOMPSON (Caroline), *La violence de l'amour*, Paris, Hachette Littératures, 2007.

La violence, l'agressivité, la colère

ARÈNES (Jacques), *Dépasser sa violence*, Paris, Éd. de l'Atelier, 2001.

BASSET (Lytta), *Sainte colère. Jacob, Job, Jésus*, Paris, Bayard, 2002, rééd. 2006.

CAMPBELL (Ross), *Les enfants en colère*, Québec, Orion, 1997.

FILLIOZAT (Isabelle), *Au cœur des émotions de l'enfant*, Paris, J.-C. Lattès, 1999, rééd. Marabout, 2007.

MONBOURQUETTE (Jean), *La violence des hommes*, Paris, Bayard, 2007.

TARTAR-GODDET (Édith), *Savoir gérer la violence du quotidien*, Paris, Retz, 2001.

ZACZYK (Christian), *L'agressivité au quotidien*, Paris, Bayard, 1998.

La violence, comment vivre ensemble ?, Actes des Semaines sociales de France, Paris, Bayard, 2003.

La communication

ANSEMBOURG (Thomas D'), *Cessez d'être gentil, soyez vrai !*, Québec, Les Éditions de L'Homme, 2001.

AUBERT (Jean-Luc), *Cet enfant qui n'écoute jamais*, Paris, Albin Michel, 2006.

LOUIS (Jean-Marc), *Communiquer avec les ados sans se les mettre à dos*, Paris, Presses de la Renaissance, 2004.

ROSENBERG (Marshall B.), *Les mots sont des fenêtres*, Paris, La Découverte, 2005.

–, *Dénouer les conflits par la communication non violente*, Suisse, Jouvence, 2006.

SALOMÉ (Jacques), *Papa, maman, écoutez-moi vraiment*, Paris, Albin Michel, 1989, rééd. J'ai lu, 2004.

–, *Heureux qui communique*, Paris, Albin Michel, 1999, rééd. Pocket, 2006.
TARTAR-GODDET (Édith), *Savoir communiquer avec les adolescents*, Paris, Retz, 1999, rééd. 2006.

L'adolescence

ARÈNES (Jacques), *N'ayons pas peur des ados*, Paris, Desclée de Brouwer, 2006.
BIESINGER (Albert), TZSCHEETZSCH (Werner), *Ces ados en quête de sens*, Suisse, Éd. Saint-Augustin, 2007.
SONET (Denis), *Conseils à des parents d'ados*, Paris, Edifa-Mame, 2005.

POUR RETROUVER LES EXEMPLES QUI VOUS ONT FRAPPÉ

« Mon bébé pleure, il est inconsolable » 92
« Mon fils de deux ans et demi dit non à tout ce qu'on lui demande et il se met en colère dès qu'on lui résiste » 94
Astrid (2 ans), voyageant en TGV avec sa maman, devient de plus en plus intenable . . . 18
« Ma fille de 3 ans est très calme et très gentille mais depuis peu elle a des problèmes de constipation » 98
Quentin (4 ans) est devenu capricieux depuis une semaine 43
Zoé (quatre ans) refuse de venir à table 79
Kevin (4 ans) pique une colère dans un grand magasin. 95
« Mon enfant de huit ans ne cesse de mentir : quand il a fait une bêtise, il accuse toujours quelqu'un d'autre » 100
Romain (9 ans) est très malheureux parce que sa maman est partie plusieurs jours en déplacement professionnel 89
Élise (12 ans) a des difficultés scolaires qui provoquent des colères paternelles 90
Manon (12 ans et demi) s'est acheté des chaussures qui ne plaisent pas à ses parents 113

Blandine va chercher son fils (13 ans) qui a mis le feu aux poubelles de son collège 66
Un aîné de famille (14 ans) remet en cause l'invitation d'une personne sans domicile fixe pour le réveillon de Noël 45
« Notre fils de 14 ans est particulièrement désagréable avec moi. Il me répond, devient insolent » 101
Aude (15 ans) a pris l'habitude de rentrer de soirée avec un retard de plus d'une heure sur l'horaire prévu 102
Xavier (15 ans) refuse de mettre son casque avant de partir en scooter 80
Claire (15 ans) n'a pas respecté l'organisation pour le couchage de ses amis à l'issue d'une soirée à la maison 119
Grégoire (15 ans) est fasciné par les cathares .. 123
Blandine (16 ans) s'installe dans un mutisme durable vis-à-vis de ses parents............ 103
Mélanie (16 ans) s'oppose aux idées de ses parents 36
Lucie (20 ans) ne réussit pas à entrer en relation avec des jeunes de son âge 109
Arnaud (22 ans) annonce qu'il arrête ses études à deux mois de sa licence. Son père et sa mère réagissent différemment 55

Remerciements

Mes remerciements vont :

Aux référentes, responsables et animatrices engagées dans les Chantiers-Éducation : leur coopération confiante a permis la réalisation de ce livre ;

À tous les parents participant aux Chantiers-Éducation et aux stages de formation qui ont accepté de partager sincèrement leur expérience éducative ;

À l'équipe de formateurs de l'IEDH (Institut européen de développement humain) au sein de laquelle s'élaborent une réflexion et une pédagogie au service de la responsabilité éducative des parents ;

À Jean-Paul, mon époux, qui m'a encouragée en partageant sa réflexion, en apportant son expérience et en relisant le manuscrit ;

À nos enfants, qui m'ont permis d'expérimenter que « conflit » et « amour » ne sont pas incompatibles ;

Aux amis qui ont relu le manuscrit et proposé des suggestions.

Table des matières

AVANT-PROPOS 5

INTRODUCTION. – LES CONFLITS : UN SUJET DÉLICAT 9

I. Pourquoi et comment parler des conflits dans la famille ? 9
II. Oser en parler 10
III. Une question éducative 11
IV. Une démarche pour progresser 12

CHAPITRE PREMIER. – QUEL VÉCU AVONS-NOUS DU CONFLIT ? 15

I. Nos réactions spontanées dans les conflits 15
1. Est-ce la fuite ? 15
2. Est-ce l'attaque ? 17
3. Est-ce la manipulation ? 18
4. Est-ce la conciliation à tout prix ? 20
5. Il est possible de changer 21

II. Pourquoi le conflit nous fait-il peur ? ... 22
1. Bien souvent le conflit est assimilé à une forme de violence 22
2. Le conflit est considéré comme incompatible avec des relations d'amour 23
3. Le conflit est vécu comme pouvant mettre en péril l'unité familiale 25

4. Le conflit fait peur parce qu'il provoque une remise en cause personnelle 26
III. Le conflit ne semble pas leur faire peur 29

CHAPITRE II. – QU'EST-CE QUE LE CONFLIT ? 31
I. Une définition du conflit dans la vie de famille 31
II. Le conflit est à distinguer de la violence 33
1. Le conflit a quelque chose à voir avec la combativité 34
2. Existe-t-il de bons ou de mauvais conflits ? 35
III. Les différents types de conflits au sein de la famille 36
1. Les conflits interpersonnels 36
2. Les conflits intrafamiliaux 38
3. Les conflits internes ou intérieurs 39
IV. Les conflits peuvent être de véritables opportunités 42
1. Un levier de croissance et d'adaptation .. 42
2. Une réalité incontournable............ 44

CHAPITRE III. – LES SOURCES DE CONFLIT EN FAMILLE 47
I. L'exigeante exemplarité des parents 49
1. L'apprentissage relationnel............ 49
2. Le respect et la compréhension : antidotes de la violence 50
3. Père et mère, ce n'est pas pareil........ 52
4. Méthode douce ou méthode forte ? 56
5. Surtout ne pas critiquer l'autre ! 58
II. Les incontournables paradoxes de la relation parent-enfant............... 59
1. Se respecter entre parents et enfants 61
2. S'aimer à la bonne distance 68
3. Exercer une juste autorité 77

4. Accompagner les crises de croissance de l'enfant 87
III. Les incessants ajustements du rapport au monde extérieur. 105
1. Quel style de famille ? 106
2. Fermeté dans les principes, souplesse dans les méthodes 109
3. Une initiation progressive aux réalités du monde 114
4. À propos de religion 120

CHAPITRE IV. – (MIEUX) VIVRE LES CONFLITS ! . . . 125
I. Distinguer conflit et problème 125
1. Problème ou conflit ? 125
2. À qui appartient le problème ? 127
II. Débusquer les jeux relationnels 130
III. Garder son calme (ou pouvoir le retrouver 133
1. Comment vivre ce « stop » indispensable pour maîtriser ses propres réactions et contenir celles de l'enfant ? 134
2. Communiquer sur son état 137
3. Prendre soin de soi 138
IV. Réussir à dialoguer 140
1. Prendre le temps d'écouter sincèrement 141
2. Oser parler de soi authentiquement 142
V. Trouver une solution nouvelle par la négociation 146
VI. Se réconcilier quand le conflit a dégénéré 149
VII. Chercher de l'aide pour sortir d'une situation bloquée 152

BIBLIOGRAPHIE 157

POUR RETROUVER LES EXEMPLES QUI VOUS ONT FRAPPÉ 161
REMERCIEMENTS 163

Depuis 1990, date de leur création, les Chantiers-Éducation sont un service des AFC (Associations familiales catholiques), mouvement familial reconnu d'utilité publique, membre de l'UNAF.

Les Chantiers-Éducation sont un lieu d'écoute, d'échange et de partage entre parents sur les questions d'éducation.

Concrètement, une *dizaine de mères de famille, adhérentes ou non aux AFC*, ayant un ou plusieurs enfants âgés de moins de vingt ans, se rencontrent deux heures par mois autour d'un thème qu'elles ont choisi.

Le but des chantiers est de *soutenir les parents dans leurs responsabilités éducatives*.

Plutôt que des lieux d'apprentissage, ce sont des « chantiers » *où l'on construit ensemble*.

Les Chantiers-Éducation en chiffres :

- Le premier chantier naît en 1990.
- 40 chantiers en 1998.
- 150 chantiers en mars 2000.
- 350 chantiers en 2003.
- 560 en 2008 !

« Il est encourageant de constater que de plus en plus de parents font appel aux AFC pour participer aux Chantiers-Éducation. Cela prouve d'une part que les parents ont besoin d'être accompagnés dans leur mission et que d'autre part ils trouvent le soutien qu'ils espèrent dans cette formule qui a fait ses preuves depuis 18 ans. »

Antoine Renard,
président de la Confédération
nationale des AFC.

Cet ouvrage a été composé
par Atlant'Communication
aux Sables-d'Olonne (Vendée).

Achevé d'imprimer en France
sur les presses de l'imprimerie Darantiere
à Dijon-Quetigny

Dépôt légal : juillet 2008
N° d'imprimeur : 10-1479